대한민국을 위한
겸손한 제안

대한민국을 위한
겸손한 제안

초판 1쇄 2016년 12월 23일
  3쇄 2017년 8월 7일

지은이 이상로

발행인 주은선
펴낸곳 봄빛서원
주 소 서울시 강남구 테헤란로 146 현익빌딩 13층
전 화 (02)556-6767
팩 스 (02)6455-6768
이메일 books@bomvit.com
페이스북 www.facebook.com/bomvitbooks
등 록 제2016-000192호

ISBN 979-11-958420-1-8 03300

A Modest

대한민국을 위한

겸손한 제안

부 유 하 고   강 한   나 라 가   되 는   비 결

Proposal

이상로 지음

봄빛서원

서문

　매주 한 차례, 가까운 지인들과 점심을 먹으면서 읽은 책의 내용에 대해 토론하는 모임(종로포럼과 건부연)을 하고 있습니다. 처음에는 이런 모임이 10년을 넘어서게 될 줄은 몰랐습니다. 하지만 2005년부터 시작된 경제서적 독서모임이 2016년까지 이어지면서 나름대로 그 내용들을 정리해야 할 필요가 있겠다 싶어 이렇게 출판을 하게 됐습니다. 단순히 책의 내용들을 요약 정리하려고 시작했지만, 점점 욕심이 생겨서 우리나라의 경제, 정치, 교육, 언론 분야에 대한 주제넘은 제안으로까지 발전하게 됐습니다.

　어떤 사람이 무엇인가를 제안할 때 근거를 같이 말해주면 그 제안을 이해하는 데 도움이 됩니다. 예를 들면 '제 직관에 의하면'이라든지, '어제 읽은 신문에 따르면', 또는 '올해 노벨 경제학상 수상자의 발표를 인용하면'과 같은 배경 설명은 제안자의 제안 내용에 무게감을 실어줄 수 있습니다. 이 책에서 제안하는 내용의 근거는 첫째, 언론인으로서의 32년간 경험입니다. 둘째, 독서클럽을 통해 10여 년 동안 읽고, 요약하고, 토론해온 약 500여 권의 서적들입니다. 책의 끝부분에 첨부한 도서목록은 여러분들이 제 제안을 이해하시는 데 도움이 될 것이라고 생각합니다. 셋째, 매일 3종 이상의 신문을 읽고 관심분야를 모아둔 스크랩입니다. 넷째, 제가 존경하는 훌륭하신 선배님들의 조언입니다.

이 세상에 편견이 없는 주장은 없습니다. 아무리 객관적으로 말한다고 하더라도 특정한 주제를 선택했다는 사실만으로도 편견은 존재합니다. 저는 제 주장에 편견이 있을 수 있음을 시인합니다. 저의 이런 편견은 다음과 같은 제 성향에서 비롯된 것임을 밝힙니다.

저는 기본적으로 자유민주주의를 사랑합니다. 그리고 자본주의의 기본원리에 충실하려고 노력합니다. 저는 '자본주의를 규제해야 한다'는 주장, 그리고 '정부가 적자 재정을 통해 총수요를 관리해야 자본주의를 위기에서 구할 수 있다는 주장'에 동의하지 않습니다.

그러나 제 제안은 일견 모순된 것처럼 보일 수 있습니다. 예를 들면 정부의 간섭을 최소화하고 적자 재정에 반대하는 입장에 서 있으면서도 매년 120조 원의 국채를 추가로 발행해서 출산 보조금으로 사용해야 한다는 제안이 그렇습니다. 하지만 이런 제안들은 철저한 자본주의 마인드에서 나온 것입니다. 다만 국가의 포트폴리오를 구성하는 방법이 다를 뿐입니다.

제게 넓은 세상을 보게해준 MBC에 감사합니다. 오랜 기간 동안 매주 함께 책을 읽고 토론해준 많은 독서클럽 회원들 때문에 저는 마음이 든든합니다. 국내 서적뿐만이 아니라 수많은 외국의 책들을 거의 실시간으로 번역하여 출판해온 여러 출판사의 책을 접할 때마다 우리나라가 지식 강국이라는 것을 실감할 수 있었습니다. 그리고 제게 조언을 아끼지 않으신 여러 선배님들께 머리를 숙입니다.

아무쪼록 제 제안이 나라의 발전에 조금이라도 기여할 수 있으면 합니다. 누구든 제안 내용을 마음대로 인용하실 수 있습니다. 물론 제 제안을 받아서 현실화시키신다면 더욱더 영광으로 생각하겠습니다. 견해의 오류를 바로잡아 주시거나 새로운 제안을 해주실 분들도 기꺼이 환영합니다.

2016년 12월
이상로

P A R T

1

대한민국에서 지폐가
모두 사라진다면

겸손한 제안 [경제] 편

대한민국에서 지폐가
모두 사라진다면

국민 여러분! 대통령인 저는 대한민국 헌법 제76조 1항에 따라 다음과 같은 긴급 조치를 발표합니다.

첫째, 지금부터 2주 후에 5만 원권과 1만 원권 지폐의 유통을 금지합니다. 5만 원권과 1만 원권 지폐를 소유하신 분들은 각자의 은행 계좌에 입금시켜 사용하시기 바랍니다. 또 5천 원권 지폐는 오늘부터 인쇄를 중지하고 앞으로 1년 후에는 마찬가지로 유통을 금지합니다.

둘째, 지금 이 시간 이후 금·은·다이아몬드 등 귀금속의 개인 간 거래를 금지하며, 귀금속은 적법한 귀금속 매매업소에서 실명 거래를 통해 거래돼야 합니다. 물론 달러를 포함한 외국 화폐의 교환 또한 반드시 적법한 장소에서 실명으로 이루어져야 합니다.

어느 날 아침, 대통령이 언론사에 기자회견을 요청했습니다. 청와대에 몰려온 언론사 카메라 앞에서 대통령이 위와 같은 발표를 했다고 가정해봅니다. 어떤 결과가 예상될까요?

대통령의 발표를 듣는 순간 가슴이 덜컥 내려앉는 분이 계시다면 그분은 지금 현재 5만 원권 지폐를 집 안 장롱이나 은행 대여금고에 많이 쌓아놓고 계신 분들입니다.

그분들의 선택은 세 가지입니다. 첫째는 보유 중인 5만 원권 지폐를 모두 은행의 자기 계좌에 입금시키는 것입니다. 둘째는 타인의 계좌로 입금하는 것입니다. 셋째는 금·은·달러 등 다른 자산으로 교환을 시도하는 것입니다. 첫 번째의 경우 그 출처가 의심스러운 거래는 금융기관이 자동적으로 금융감독원에 신고를 하도록 돼 있습니다. 물론 이 경우 국세청이 가만히 있을 리 없습니다. 두 번째의 경우 타인의 계좌로 입금한 돈은 법과 판례에 의해 입금자의 돈이 아닌 은행 계좌 주인의 것입니다. 이 역시 금융감독기관이 관심을 가질 만합니다. 세 번째의 경우 금·은·달러 등 다른 자산으로의 교환이 적법하게 이루어지지 않으면 형사 처분의 위험이 존재합니다.

반대로 대통령의 이런 발표에 환호를 할 사람들이 있습니다. 아주 많이 있습니다. 가슴이 덜컥 내려앉을 사람보다 그 숫자가 압도적으로 많습니다. 그분들은 지갑에 10만 원 내외의 현금과 교통카드를 포함한 신용카드 몇 장만 가지고 계신 분들입니다. 그분들이 대통령의 이런 발표를 환영하는 이유는 무엇일까요? 정부가 부자들을 공격하는 것에 대한 일종의 대리만족일까요? 그럴 수도 있을 겁니다. 하지만 대통령의 발표는 매우 중요한 결과를 가져오게 됩니다. 정부의 이런 조치는 오늘날의 경제 상황을 완전히 반전시킬 수 있는 강력한 카드입니다.

이 글을 읽고 계신 분들 중 이와 같은 일은 절대로 일어날 수 없을 것이라 생각하시는 분들이 있을 수 있습니다. 그러나 그분들의 생각과는 달리 이미 세계는 그렇게 가고 있습니다. 벌써 고액권 화폐를 폐지한 나라가 있습니다. 스웨덴입니다. 스웨덴은 고액권 지폐인 1,000크로나(미화 115달러 상당)를 단계적으로 폐지하기 시작하여 2013년 완전히 폐지했습니다. 더 나아가 스웨덴 정부는 다른 소액 화폐의 폐지도 추진하고 있으며, 2030년쯤에는 화폐가 없는 최초의 국가가 될 전망입니다. 덴마크도 지폐의 폐기에 착수했습니다.

미국 하버드 대학교 경제학과 케네스 로고프* 교수는 2016년 그의 저서 《화폐의 종말(The Curse of Cash)》에서 미국도 100달러짜리 지폐를 폐지해야 한다고 주장했습니다. 그는 만약 미국이 100달러짜리 지폐를 폐기했다면 2008년 시작된 경제 위기는 벌써 끝났을 수도 있다고 주장하고 있습니다. 미국의 경우 지금까지 발행한 달러의 총금액 중 80퍼센트가 100달러 지폐입니다. 예를 들어 미국이 현재까지 총 1,000억 달러를 발행했다면 이 중 800억 달러는 100달러 지폐이고, 나머지 200억 달러는 50달러, 20달러, 5달러, 2달러, 1달러짜리 지폐와 동전들입니다. 그런데 미국인들은 상거래를 할 때 100달러짜리 지폐를 사용하는 경우가 흔하지 않습니다. 대부분의 100달러짜리 지폐는 미국인이 장롱에 있거나 불법 거래에 사용됩니다.

우리나라의 경우 2016년 10월 한국은행이 더불어민주당 김종민 의원에게 제출한 자료에 따르면 2016년 8월말 당시 시중 지폐 유통량 90조 4133억 원 가운데 5만 원권 지폐는 71조 3315억 원으로 78.9퍼센트를 차지하고 있지만 환수율(2015년 기준)은 40.1퍼센트에 불과합니다.

지폐 종류별 발행금액은 지난 2014년까지는 1만 원권이 많았으나 2015년부터 5만 원권 발행이 늘어나면서 2012년부터 2015년까지 5만 원권 69조 245억 원, 1만 원권 68조 4614억 원으로 비슷한 수준을 보이고 있습니다. 하지만 지폐 환수율을 보면 5만 원권은 발행액 대비 2014년 25.8퍼센트, 2015년 40.1퍼센트에 불과하고 1만 원권은 2014년 99.6퍼센트, 2015년 105퍼센트에 육박하고 있습니다. 결국 한국은행이 발행한 5만 원권이 시중에서 정상적으로 유통되지 않고 비자금이나 뇌물, 세금 탈루 등의 불법적인 용도로 유통되고 있음을 추정케 합니다. 하지만 이보다 더 큰 문제는 숨어 있는 5만 원권이 화폐의 유통 속도를 떨어뜨려 우리나라 경제를 어렵게 만들고 있다는 데 있습니다.

유명한 경제학자인 어빙 피셔의 화폐 방정식을 제 나름대로 해석해서 다음과 같이 소개합니다.

$$M \times V = P \times Q$$

화폐량 × 화폐의 유통 속도 = 가격 × 국민의 만족도

모든 국가 또는 여러 나라의 중앙은행은 낮은 가격(P)으로 국민의 만족도(Q)를 높이려고 노력합니다. 즉 모든 국민들이 저렴한 가격으로 훌륭한 주택을 구입할 수 있고, 부담 없이 질 좋은 식사를 할 수 있게 하려는 것이 정치인들의 목표입니다. 실제로 정치인들이 선거 때 외쳐대는 구호는 한마디로 낮은 가격으로 높은 생활수준을 유지할 수 있게 해주겠다는 것입니다. 이런 일이 가능하려면 일단 화폐 방정식의 좌측 M×V(화폐량×화폐의 유통 속도)의 크기가 커져야 합니다.

그래서 2008년 서브프라임 모기지 사태 이후 각국 정부는 화폐량을 늘렸습니다. 따라서 서브프라임 모기지 사태 이후의 화폐량×화폐의 유통 속도는 경제 위기 이전보다 그 결과치가 커져야 합니다. 그런데 이상하게도 아무리 화폐를 많이 발행해도 화폐량×화폐의 유통 속

도의 결과가 시원치 않습니다. 그 이유는 정부가 화폐를 많이 발행했지만 화폐의 유통 속도가 낮아졌기 때문입니다.

화폐의 유통 속도가 낮아지는 주요 원인은 국민들이 돈을 쓰지 않기 때문입니다. 즉 돈이 돌지 않는 것입니다. 돈이 돌지 않는 이유는 불안한 미래에 대비하여 수중의 돈을 움켜쥐기 때문입니다.

이때 움켜쥐기 가장 좋은 돈은 고액권 화폐입니다. 한국은행이 발행한 5만 원권 지폐의 환수율이 2015년 기준으로 40.1퍼센트에 불과하다는 것은 정부가 경기를 살리려고 아무리 노력해도 한계가 있다는 것을 의미합니다. 이것을 '유동성의 함정'이라고 합니다.

유동성의 함정이란 경기를 살리기 위해 정부가 돈을 찍어도 국민들이 그 돈을 유통시키지 않고 여러 가지 방법으로 보관하여 유통 속도를 떨어뜨리는 것입니다. 그런데 이런 유동성의 함정은 이미 유명한 경제학자 케인스 때부터 예견된 일입니다.

케인스와 동시대를 살았던 벨기에의 경제학자 실비오 게젤은 은행에 예금을 하는 사람들에게 '마이너스 금리'를 매기자고 주장했습니다. 마이너스 금리란 은행이 예금주에게 이자를 주는 것이 아니라 예금주에게 보관료를 받는 것입니다. 게젤은 이렇게 되면 사람들은 돈을 은행에 맡기지 않고 장롱에 보관하리라고 예상했으며, 이런 일을 막기 위해 '스탬프 화폐(Stamp Money)' 제도를 제안했습니다. 발행 시기를 화폐에 표시한 뒤 일정 기간이 지날 때마다 액면 가치를 일정 비율 떨어뜨리자는 것입니다. 그렇게 되면 돈을 쓰지 않고 손에 쥐고 있으면 손해를 보게 됩니다. 그럼 당연히 국민들은 소비나 투자를 할 것이고 경제는 잘 돌아가게 된다는 이론입니다.

케인스는 게젤의 스탬프 화폐를 지지하지 않았지만 화폐방정식을 만든 어빙 피셔는 '상당히 의미심장한 제도'라고 평가했습니다. 실제로 대공황기 독일 일부 지역에서 스탬프 화폐 제도를 도입해 효과를 보기도 했습니다.

유동성 함정을 막기 위한 아이디어는 그 뒤에도 이어졌습니다. 게젤로 부터 영감을 받은 어빙 피셔는 1933년 《임시 지폐에 도장 찍기》라는 책에서 주기적으로 현찰에 도장을 찍어 해가 갈수록 화폐의 가치를 떨어뜨리자고 주장했습니다. 예를 들면 2016년에 발행한 5만 원권 지폐는 2017년 은행에 가서 뒷면에 '45,000원'이라는 도장을 받아야 하며, 2018년에는 '40,500원', 2019년에는 '36,450원', 2019년에는 '32,850원'이라는 도장을 받아야 한다는 것입니다.

또 미국 리치먼드 연방재단 관리자인 마빈 굿프렌드는 현찰에 마그네틱 띠를 부착하자는 주장을 했고, 《맨큐의 경제학》이라는 책으로 유명한 그래고리 맨큐 교수는 제자의 아이디어를 소개했는데, 화폐의 시리얼 번호를 주기적으로 추첨하여 당첨된 시리얼 번호에 해당하는 화폐의 가치를 없애자는 것입니다. 즉 매년 연말에 한국은행이 추첨을 하여 5만 원권 지폐의 끝자리가 '1'로 끝나는 돈은 가치가 없는 휴지 조각임을 선언하자는 것입니다. 이 발표 이후 맨큐 교수를 하버드 대학교에서 몰아내야 한다는 항의가 있었습니다.

오늘날 대부분의 한국인들은 실명의 은행 계좌를 가지고 있으며 1인당 4~6장의 신용카드를 소유하고 있습니다. 후불 교통카드는 버스나 지하철을 탈 때뿐만이 아니라 자동판매기에서 500원짜리 생수를 뽑아 먹을 때도 사용이 가능합니다. 편의점에서 100원짜리 물건을 사도 신용카드가 통용됩니다. 심지어 편의점 점주 중에는 아르바이트생에게 가능한 현금을 받지 말도록 권하는 사람도 있습니다. 현금 사고(事故)를 줄이기 위해서입니다. 그럼 야밤에 도둑이 편의점을 털어봐야 현금이 없겠죠. 또 'OO페이' 등 모바일 결제 시스템을 이용하여 송금과 결제가 가능합니다.

즉 마음만 먹으면 하루 종일 현찰이 1원도 필요 없는 사회가 됐습니다. 5만 원권 지폐와 1만 원권 지폐는 보관하지 않고 각자의 실명 은행계좌에 넣고 사용하면 됩니다. 따라서 고액권 지폐를 강제로 유통시키기 위해 화폐에 스탬프를 찍을 필요도, 마그네틱 띠를 두를 필요도, 추첨을 해야 할 필요도 없습니다. 이미 지폐를 거의 사용하지 않아도 불편함이 없는 시대에 돌입했기 때문입니다.

만약 고액권인 5만 원권 지폐의 유통만 금지시키면 가정의 장롱과 은행 대여금고에 5만 원권을 보관하고 있던 사람들은 5만 원권을 1만 원권 지폐로 교환하려 할 것입니다. 따라서 5만 원권과 1만 원권 지폐를 동시에 없애는 것이 타당합니다.

이보다 더 좋은 효과를 얻으려면 그동안 꾸준히 거론돼왔던 '디노미네이션'을 단행하는 것입니다. 디노미네이션이란 달러 대비 1,000원대가 넘어가는 우리나라 화폐 단위를 달러 대비 100원대 또는 10원대로 만들자는 것입니다. 예를 들어 현재 '1달러=1,200원'이라면 디노미네이션 이후 '1달러=12환'으로 바뀝니다.

그동안 우리는 3번의 화폐 개혁이 있었습니다. 첫 번째 화폐 개혁은 한국은행 설립으로 '조선은행권'을 '한국은행권'으로 1:1로 교환한 제1차 화폐 개혁, 1953년 정부가 '원' 표시 통화의 유통을 금지하고 '환' 표시의 통화를 유통한다고 긴급 조치를 발표하면서 100원을 1환으로 교환했던 2차 화폐 개혁, 1962년 지하경제 양성화를 위해 10환을 100원으로 교체했던 제3차 화폐 개혁이 바로 그것입니다. 이 세 번의 화폐 개혁은 모두 사용 중인 종이 화폐와 동전을 또 다른 종이 화폐와 동전으로 교환해주는 화폐 개혁이었습니다.

하지만 앞으로의 화폐 개혁은 사용 중인 종이 화폐를 없애는 개혁으로 가야 합니다. 지폐는 통장으로 넣어주고 동전만 교환을 해주는 것입니다. 예를 들어 화폐의 단위를 1,000원에서 10환으로 변경할 경우 11,000원을 신권 화폐로 교환하러 오는 사람에게 은행은 110환으로 바꾸어줍니다. 이때 화폐를 교환하러 온 사람이 현찰을 원하면 은행은 그 사람의 계좌에 100환을 넣어주고 10환짜리 동전만 주는 것입니다.

2016년 10월, 국회에서 한국은행 금통위원 출신인 더불어민주당 최운열 의원이 "화폐 단위가 너무 커서 사회적 비용이 많이 든다"면서 화폐 단위를 개혁해야 한다고 주장했습니다. 이 주장에는 충분히 타당성이 있습니다.

실생활에서는 이미 디노미네이션이 이루어지고 있습니다. 많은 커피숍의 가격표가 '아메리카노 2.5', '까페라떼 3.0' 등으로 표시돼 있습니다. 아메리카노는 2,500원, 까페라떼는 3,000원이라는 뜻입니다. 즉 1/1,000의 디노미네이션이 이루어져 사용되고 있으며 이것은 현재의 화폐 단위가 실생활에서 불편하다는 증거입니다.

우리나라는 1962년 3차 화폐 개혁 이후 54년간 국민총소득(GNI)이 4045배, 1인당 국민소득이 2120배로 급증했지만, 화폐의 액면 단위는 그대로입니다. 또한 경제협력개발기구(OECD) 34개 회원국 가운데 1달러당 환율이 네 자릿수인 나라는 우리나라가 유일합니다. 따라서 화폐의 개혁은 하루빨리 이루어져야 합니다.

화폐 개혁이라는 용어가 주는 무게감 때문에 화폐 개혁이라는 단어 대신에 '화폐 단위 변경'이라고 부르는 사람도 있습니다. 화폐 개혁이든 화폐 단위 변경이든 '지폐의 퇴장'이 이루어져야 합니다.

지폐의 퇴장은 현재 우리나라의 경제 상황을 획기적으로 변화시킬 수 있습니다. 우리나라의 통화는 세계적으로 통용되는 기축 통화가 아닙니다. 따라서 외국에 나가 있는 원화 지폐는 거의 없습니다. 대외 결제는 달러 등 외국 화폐로 이루어집니다.

문제는 의지(意志)입니다. 현재의 정치인들이 금융실명제에 버금가는, 또는 능가하는 획기적인 조치를 단행할 수 있는가 하는 점입니다. 지하 자금의 활성화를 위해 '화폐 개혁' 또는 '화폐 단위 변경' 시에 무기명 채권을 발행해야 한다는 주장이 있습니다. 예를 들면 금리 1퍼센트대의 30~40년 만기 무기명 채권입니다.

이 부분은 좀 더 깊이 있는 논의가 필요합니다. 왜냐하면 세계 각국이 마이너스 금리를 도입하고 있고 우리나라도 마이너스 금리를 검토해야 한다는 주장이 있기 때문입니다. 따라서 적법하지 않게 부를 축적한 사람들에게 지불을 오랜 기간 연기한다는 조건인 일종의 면죄부 채권이 오히려 많은 수익을 안겨줄 수 있기 때문입니다.

만약 정부가 화폐 개혁 시에 무기명 채권을 꼭 발행해야 할 필요가 있다면 채권의 프리미엄 발행을 고려해볼 만합니다. 예를 들면 1억짜리 채권을 1억 1천만 원에 파는 것입니다. 우리가 아파트를 살 때 분양가보다 더 돈을 주고 사는 것과 마찬가지입니다.

P.S. 제가 원고를 출판사로 넘기기 직전에 속보가 들어왔습니다. 다음 글은 2016년 11월 9일 15시 인도 뉴델리에서 들어온 외신 내용입니다.

인도의 모디 총리, 지하경제 근절을 위해 고액권 유통 금지 발표

8일 저녁(현지시간), 나렌드라 모디 인도 총리가 검은 돈 근절을 위해 고액권인 500루피(한화 8천 500원)와 1천 루피(한화 1만 7천원) 지폐의 유통을 전격적으로 금지시켰다. 모디 총리는 이날 연설에서 "검은 돈과 부정부패는 가난을 뿌리 뽑는 데 있어서 최대 장애물"이라며 "500루피와 1천 루피 지폐는 내일부터 병원과 약국을 제외한 모든 곳에서 사용이 금지되며, 고액권을 소지한 국민들은 연말까지 은행과 우체국에 가서 이 지폐들을 예치해야만 한다"고 말했다.

이 발표가 있은 직후 인도의 도시마다 '현금 부자'들이 조금이라도 현금 규모를 줄이기 위해 고액권 사용이 허용된 이날 늦은 밤까지 명품 구매에 열을 올렸다.

한편 세계은행(2010년 발표)이 추산한 인도 지하경제 규모는 1999년 인도 국내총생산(GDP)의 20.7퍼센트에 달한다.

* 케네스 로고프

케네스 로고프 하버드 대학교 교수는 체스 특기자로 대학에 입학한 천재 경제학자 입니다. IMF 수석 이코노미스트로 재직할 당시에 환율, 금융시장, 부채, 거시경제 등 다양한 주제를 다루면서 세계 경제 전망에 대한 방대한 자료를 수집했습니다. 로고프는 미국 주택시장의 붕괴와 유럽의 부채 위기를 예측했으며, 2015년에 일어난 중국발 금융 위기 역시 수년 전부터 경고해왔습니다.

《이번엔 다르다》는 케네스 로고프가 메릴랜드 대학교 교수인 카르멘 라인하트와 2010년에 공동으로 출판한 책입니다. 대부분의 학자들이 100년 정도의 금융 역사, 그것도 미국의 금융사에만 의존하고 있는 반면, 이 두 사람은 이 책을 쓰기 위해 12세기 중국 및 중세 유럽 시대까지 거슬러 올라가 800년 동안의 66개국 국가채무 부도 자료, 지난 몇 세기 동안의 인플레이션율, 은행 위기, 국제 자금 흐름 등의 통계 자료를 모았습니다. 이 자료 속에서 호황과 불황 속에 숨겨진 금융 흐름의 일정한 패턴을 찾아냈습니다. 과도한 부채로 이루어진 호황은 언제나 금융 위기로 끝난다는 것입니다.

하지만 사람들은 호황기 때마다 '이번에는 다르다'는 착각을 합니다. 그 이유는 당대의 정치가나 금융 전문가들은 금융 위기의 증후가 보여도 "나는 유능하며, 과거의 실수에서 이미 많은 교훈을 얻었기 때문에 이번 호황 뒤에는 불황이 오지 않을 것이다"라고 스스로 확신을 굳혀가기 때문입니다. 그러나 케네스 로고프와 카르멘 라인하트가 800년 동안의 66개국 자료를 분석해본 결과 한 번도 예외 없이 호황 뒤에는 반드시 불황이 찾아왔습니다. 뿐만 아니라 불황의 하강 곡선(불황이 지속되는 기간)은 호황의 상승 곡선(호황이 지속되는 기간)과 거의 동일합니다.

여기서 우리가 주목해야 할 점이 있습니다. 2008년 서브프라임 모기지 사태를 정점으로 끝난 호황은, 2000년 초부터 시작된 지금까지 유례를 찾아볼 수 없는 광범위한 전 지구적인 장기간의 호황이었다는 사실입니다.

《화폐의 종말》은 케네스 로고프가 2016년에 출판한 책입니다. 그는 이 책에서 2008년 금융 위기 이후 장기화된 전 세계적 불황을 타개하기 위해 지폐 없는 사회로 나아가야 한다고 주장했습니다. 그는 오늘날 공공의 금융과 재정에 있어 가장 핵심적인 걸림돌은 '종이 화폐'라고 말하며, 종이 화폐를 폐지하는 것이 우리 모두에게 생각보다 많은 이득을 안겨준다고 주장합니다. 또한 종이 화폐로 인해 생겨나는 폐해와 고액권 위주로 편재되어 있는 현대 화폐 시장의 문제점을 부각시키고 있습니다. 케네스 로고프는 지폐를 폐지할 경우 탈세를 눈에 띄게 줄일 수 있으며, 마약 거래, 인신매매, 부정부패 등 현금이 오가는 범죄와 불법 활동 역시 줄일 수 있다고 설명합니다. 물론 이를 통해 각국 정부는 세수의 현격한 증가를 얻을 수 있습니다.

무엇보다 지폐의 폐지는 중앙은행으로 하여금 보다 탄력적이고 유동적인 금리 정책을 펼칠 수 있다고 주장합니다. 예를 들면, 세계 경제가 불황의 늪에서 빠져나오려면 마이너스 금리 정책이 필요하며 중앙은행이 실효성 있는 마이너스 금리 정책을 펴기 위해서는 먼저 지폐가 폐지되어야 한다는 것 입니다.

IMF 외환 위기에 정부가 은행 대신 개인을 구제했더라면

정부는 오늘부터 매각을 희망하는 개인의 주택을 무제한으로 매입합니다. 매입에 필요한 자금은 전액 정부가 무기한 무이자 채권을 발행하여 한국은행에 인수시켜 조달합니다.

IMF 외환 위기 당시 많은 사람이 직장과 집을 잃었습니다. 심지어 생명을 스스로 끊은 사람도 있습니다. 시계를 약 20년 거꾸로 되돌려 지금이 1997년 IMF 외환 위기를 맞는 순간이라고 가정하고, 당시의 김대중 대통령이 위와 같은 경제 관련 긴급 조치를 발표했을 때 벌어질 수 있는 상황을 예를 들어보겠습니다.

 IMF 외환 위기가 닥치자 A씨는 다른 많은 사람처럼 직장을 잃었습니다. A씨는 당시 서울에 10억 원짜리 아파트에 살고 있었습니다. 집을 살 때 은행에서 4억 원의 대출을 받았습니다. 금리는 치솟았고, 은행에서는 만기 연장을 해줄 수 없으니 원금을 갚으라고 독촉했습니다. 이때 정부가 주택을 매입해주겠다는 정책을 발표했습니다. A씨는 집을 정부에 팔기로 결정했습니다. 감정평가 금액은 10억 원이었지만 정부는 A씨의 집을 감정가의 80퍼센트인 8억 원에 매입했습니다.

 이때 두 가지 조건이 있었습니다. 첫째는, 10년 안에는 언제든지 A씨가 8억 원에 자신의 집을 정부로부터 다시 매입할 수 있다는 조건입니다. 즉 우선매수청구권을 행사할 수 있다는 것입니다. 둘째는, A씨가 정부에 매각한 집을 4억 원에 전세를 얻어 계속 거주할 수 있다는 조건입니다. 이것을 정리해보면, A씨는 10억 원짜리 자신의 집을 8억 원에 팔고 4억 원에 전세를 살게 됐습니다. A씨에게는 4억 원의 현금이 생겼습니다. A씨는 은행 빚 4억 원을 모두 갚았습니다. A씨에게는 부채가 하나도 없습니다. 당연히 이자도 나가지 않습니다. A씨는 적어도 가정은 지킬 수 있게 됐습니다.

 은행은 수많은 A씨와 같은 사람들로부터 대출금 원금을 회수할 수 있었습니다. 물론 IMF가 요구하는 BIS비율을 맞추는 데도 유리해졌습니다. 정부는 은행에 투입할 공적자금을 개인으로부터 주택을 사는 데 사용했습니다. 물론 주택 구입비가 더 들어갔을 것으로 추정됩니다. 하지만 정부는 부동산을 담보로 돈을 빌려주었기 때문에 은행에 투입한 공적자금보다는 회수율이 높았을 것입니다.

IMF 외환 위기시 정부가 A씨의 아파트를 매입했다면

A씨의 아파트 감정평가 금액	10억 원 (은행담보 4억 원 포함)
정부가 A씨 아파트를 구입한 가격	8억 원 (감정평가 금액의 80퍼센트)
A씨의 은행 부채 상환	4억 원 (전액 상환)
A씨의 전세보증금	4억 원 (아파트 소유주는 정부)
10년 후 A씨가 원하면 정부로부터 아파트 다시 매입	8억 원

각국 정부는 대공황 같은 위기 시에 은행에만 돈을 빌려줍니다. 개인에게는 빌려주지 않습니다. 실제로 2008년 서브프라임 모기지 사태로 벌어진 위기는 은행이 잘못해서 빚어진 일입니다. 그런데 미국 정부는 개인을 팽개치고 단죄받아야 마땅한 은행만을 구제해주었습니다. 개인들은 주택 모기지를 갚지 못해 집에서 쫓겨나야 했습니다.

IMF 외환 위기 당시 우리나라도 마찬가지였습니다. 외환 위기의 원인은 당시 금융기관들이 무분별하게 외화를 차입했기 때문이었습니다. 그중에는 미국 투자기관의 꼬임에 빠져 곧 쓰레기가 될 태국의 채권을 대신 떠맡은 경우도 있었습니다. 하지만 개인은 정부로부터 지원받지 못했습니다. 은행만 구제금융을 받았습니다.

이것이 올바른 일인가요? 정의로운 사회인가요? 분명하게 아닙니다. 그래서 미국에서는 '월가를 점령하라(Occupy Wall Street)'와 같은 시위가 벌어졌습니다. 빌 클린턴 대통령 당시 초대 노동부 장관이었던 로버트 라이시*는 그의 저서 《로버트 라이시의 자본주의를 구하라》에서 다음과 같은 말들을 했습니다.

- 부채를 상환할 수 없는 사람들을 교도소에 가두거나 처벌하면 그들이 돈을 벌어 채무를 변제할 길을 막을 가능성이 있다.
- 2008년 서브프라임 모기지 사태를 몰고 온 월스트리트 대형은행들은 정부로부터 저금리의 구제금융을 받았지만, 원리금을 상환하지 못한 주택 소유주들을 위해 주택 소유주가 주택을 담보로 대출을 받은 경우 파산 신청을 할 수 없도록 한 파산법 13조를 개정하려는 노력은 수포로 돌아갔다.
- 미국의 학자금 대출은 주택담보대출의 뒤를 이어 미국 전체 대출의 10퍼센트를 차지하고 있다. 학자금 대출 부채는 파산법으로 보호를 받지 못한다.

서브프라임 모기지 사태 이후 미국에서는 정부가 은행에 돈을 지원해주지 말고 개인에게 직접 주어야 한다는 논의들이 있었습니다. 이런 논의에 불을 지핀 사람이 바로 헤지펀드로 유명한 조지 소로스입니다. 그는 서브프라임 모기지 사태가 터지자 각종 언론을 통해 정부가 직접 개인에게 집을 사주어야 한다고 주장했습니다. 이후 오바마 행정부는 정부가 개인의 주택담보대출에 보증을 서는 정책을 일부 시행하기도 했습니다.

최근 우리나라에서 가장 큰 문제 중 하나는 가계부채 문제입니다. 2016년 2분기 현재 가계 빚은 1257조 3000억 원입니다. 가계부채가 늘어나는 속도도 점점 빨라지고 있습니다. 가계소득 대비 부채가 차지하는 비중이 커지게 되면 실질 가처분 소득을 떨어뜨려 내수를 압박하는 것은 물론 양극화 등 사회 경제 전반에 큰 짐이 될 수 있습니다.

우리나라 가계부채의 대부분은 주택담보대출입니다. 현재 약 1300조 원에 달하는 가계부채가 버티는 이유는 '저금리'입니다. 만약 어떤 이유로든 국내 금리가 오를 경우 부실 우려는 더욱 커질 수밖에 없습니다.

2016년 윤호중 더불어민주당 의원이 한국은행으로부터 제출받은 '가계부채 증가에 따른 차주의 대출 행태 분석 및 도산 확률 추정' 자료에 따르면, 금리가 3퍼센트 오르고, 주택 가격이 15퍼센트 하락하게 되면 현재 잠재적 도산 대출자 비중이 0.75퍼센트에서 1.13퍼센트로 50퍼센트 이상 상승하는 것으로 나타났습니다. 이렇게 되면 현재 살고 있는 집에서 쫓겨나야 하는 사람들이 대거 늘어날 수 있다는 것을 의미합니다.

이런 사태가 발생하면 정부는 즉시 일정 규모(서민주택이라고 할 만한) 이하의 집을 구입해주어야 합니다. 이때 주택 구입 가격은 은행 대출금 +α입니다. 그리고 이 α라는 가격으로 정부와 주택 소유자는 전세 계약을 맺습니다. 물론 10년 안에 언제든지 집을 되찾아갈 수 있다는 우선매수청구권이 계약서에 포함돼 있어야 합니다. 단, 이때 발생할 수 있는 문제가 있습니다. 예를 들면 3억짜리 집을 사기 위해 A씨는 2억 원의 대출을 받았고, B씨는 1억 원의 대출을 받았다면 정부는 동일한 가치의 집을 상이한 가격으로 구입하게 됩니다. A씨가 더 유리한 조건으로 집을 판 것입니다. 하지만 이것은 반드시 A씨에게 유리하지만은 않습니다. 왜냐하면 B씨는 언제든지 자신의 손해를 만회하려고 할 것입니다. 이자율이 내려간다든가 부동산 가격이 올라가기만 하면 B씨는 우선매수청구권을 행사하여 정부로부터 자신의 집을 되찾아올 수 있습니다.

여기서 두 가지 문제를 집고 넘어가야 합니다. 첫째는, 정부가 막대한 자금을 어떻게 조달할 것인가 입니다. 둘째는, 개인의 포트폴리오 실수를 정부가 막아주는 것이 과연 도덕적인가 하는 점입니다.

첫 번째부터 헤아려봅니다. 주택 구입에 필요한 자금은 정부가 무기한 무이자 채권을 발행하고 한국은행이 이를 인수하면 됩니다. 미국의 학자들이 주장하는 방법이 바로 이 방법입니다. 빚을 값을 능력이 없는 사람들에게 대출해준 주체는 은행입니다. 즉 은행에게도 상당 부분 책임이 있습니다. 그런데 파산 관련 법은 은행에게만 유리합니다. 또 은행이 부실해지면 정부는 은행을 구제해줍니다. 이런 부조리한 고리를 끊어야 합니다.

둘째로 개인의 파산을 왜 정부가 막아주는가 하는 도덕적인 문제입니다. 이럴 때 주로 사용되는 단어가 '도덕적 해이' 영어로는 '모럴 해저드(moral hazard)'라고 합니다. 그래서 정부는 '서민용 주택'만 구입해주어야 합니다. 서민용 주택이라는 단어의 개념이 모호하기는 하지만 이와 같은 정책을 집행할 당시의 상황에 따라 서민용 주택을 정의하는 것이 바람직합니다.

아직까지도 제 제안에 대해, 즉 정부가 국채를 발행하여 개인에게 직접적으로 도움을 주는 것에 대해 동의하지 못하시는 분들이 계실 것입니다. 저는 이런 분들에게 '부채'에 대해 설명드리겠습니다.

오늘날의 경제 주체는 크게 보아 가계, 기업, 정부 이렇게 세 부분입니다. 가계가 빚을 얻으면 가계부채가 됩니다. 기업이 대출을 받으면 기업부채입니다. 그리고 정부가 국채를 발행하면 국가부채입니다. 가계부채를 'P'라 하고, 기업부채를 'C'라 하며, 정부부채를 'G'라 가정 하에 다음과 같은 수식을 만들어봅니다.

$$P(\text{가계부채}) + C(\text{기업부채}) + G(\text{정부부채}) = A(\text{우리 모두의 부채})$$

그런데 A라는 '우리 모두의 부채'는 왜 발생할까요? 그 당시에 우리 모두에게 필요했기 때문에 발생한 부채입니다. 즉 경제가 원활하게 돌아가기 위해 당시의 경제 환경이 요구했던 부채의 총액이 A라는 것입니다. 1997년 IMF 외환 위기 때는 C(기업부채)가 많았습니다. IMF 관리 체제가 종료되면서부터 P(가계부채)가 커지기 시작했습니다. 즉 위험이 기업에서 가계로 전가된 것입니다. 이 위험을 기업이나 가계가 아닌 정부가 대신 져주면 안되나요? 어느 한 시점에서 P(가계부채)가 커지든 C(기업부채)가 커지든 G(정부부채)가 커지든 그 합은 일정합니다. 즉 A(우리 모두의 부채)는 동일한 것입니다. 문제는 P(가계부채), C(기업부채), G(정부부채)의 비율을 어떻게 조합하는 것이 가장 최적의 상태인가 하는 것입니다. 정답은 없습니다. 그러나 역사적으로 정부가 클 때 또는 부강한 나라일수록 G(정부부채)가 커져야 합니다. 만약 부강한 나라의 G(정부부채)가 적으면 심각한 문제가 발생합니다.

대표적인 나라가 중국의 청나라입니다. 아편전쟁 이전까지 청나라 정부는 세계에서 제일 부자 정부였습니다. 세계 각국은 청나라와의 무역에서 항상 적자를 기록했습니다. 청나라 정부는 국채를 발행할 필요가 없었습니다. 또한 국민들에게도 빚을 지지 않도록 조치했습니다.

그런데 무역을 하기 위해 청나라 상인이 외국인에게 돈을 빌렸습니다. 이 사실을 알게 된 청나라 정부는 상인을 잡아다가 곤장을 치고

상인이 외국인에게 빌린 빚의 두 배를 갚아주도록 했습니다. 그 상인의 죄목은 대국의 중국인이 하찮은 서양인에게 빚을 지는 것은 중국과 중국 황실의 명예를 더럽힌다는 것이었습니다.

하지만 영국은 달랐습니다. 5대양 6대주의 해상무역 루트를 개발하기 위해 필요한 자금을 영국 황실에서 조달했습니다. 물론 국채를 발행했습니다. 아편전쟁에서 영국은 국채를 발행하여 국민들로부터 전쟁자금을 조달했지만 중국은 국민들로부터 세금을 거두었습니다. 아편전쟁은 국채와 세금의 싸움에서 국채가 이긴 전쟁입니다.

미국 예일 대학교의 경제학 교수인 중국인 천즈우 교수**는 이 부분을 매우 아쉬워하고 있습니다. 청나라가 아편전쟁에서 패했을 때, 바로 그때가 청나라가 세계적으로 부강한 나라가 될 수 있었는데 그 절호의 기회를 놓쳤다는 것입니다. 당시 청나라는 영국에 전쟁배상금을 물어주기 위해 국민들로부터 세금을 걷었습니다. 천즈우 교수는 이때 국채를 발행했었어야 한다고 주장합니다. 청나라가 국채를 발행했다면, 중국인들이 금융에 눈을 떠 금융 산업이 발달하기 시작했을 것이고, 금융을 통해 다른 산업의 발전까지 이룩할 수 있었다는 것입니다. 여기서 천즈우 교수의 부채에 관한 이론을 더 들어볼 필요가 있습니다. 천즈우 교수는 그의 저서 《자본의 전략》에서 이렇게 말하고 있습니다.

사람들이 미국 정부가 부채가 많은 것을 걱정한다. 그리고 언제가 미국은 정부의 부채로 큰 고통을 겪을 것이라고 말한다. 하지만 이것은 하나만 알고 둘은 모르는 말이다. 미국의 경제 주체인 가계, 기업, 정부부채의 총합은 미국이 효율적으로 경제를 운영하는 데 필요한 아주 적절한 액수이다. 이때 경제 주체 3자 중 누가 더 큰 비중의 부채를 떠맡을 것인가? 미국은 정부가 미국 정부의 높은 신용도를 이용하여 해외에서 낮은 금리로 돈을 조달하여 기업에 빌려주고 있다. 미국의 기업들이 개별적으로 자금을 조달하는 것보다 미국 정부가 해외에서 낮은 금리로 자금을 조달하여 기업들에게 빌려주는 것이 훨씬 조달금리가 싸다. 이것이 미국 기업의 경쟁력이며, 미국의 힘이다.

선진국 중 국채를 제일 많이 발행한 나라는 일본입니다. 2015년 현재 일본의 국가부채는 우리나라 돈 1경 원입니다. 즉 일본 국민 1일당 1억 원이나 되는 국가채무가 있습니다. 물론 일본의 국채 중에는 경기를 부양하기 위해 쓸데없는 토목공사에 사용된 낭비적인 부분이 많이 있습니다. 그럼에도 아베 정부는 지금도 국채를 발행하고 있으며 앞으로도 경기가 살아날 때까지 무제한 국채를 발행하겠다는 것입니다.

일본 정부가 국채 발행에 겁을 내지 않는 이유는 국채의 대부분을 일본중앙은행이 인수했기 때문입니다. 일본 정부는 궁극적으로 국채를 어떻게 처리할 것인가에 대한 연구를 오래전부터 해두었습니다. 국가채무가 너무 많아서 문제가 생기기 시작하면 모든 국채를 상환하지 않아도 되는 영구채로 바꾼다는 계획도 포함돼 있습니다. 물론 일부 학자들은 일본중앙은행이 인수한 일본 정부의 국채를 소각하는 방안도 제시하고 있습니다.

　저는 개인적으로 국채에는 좋은 빚과 나쁜 빚이 있다고 생각합니다. 우량 자산이 담보된 부채는 좋은 부채입니다. 그러나 자산이 없는 즉 담보물이 없는 부채는 나쁜 부채입니다. 뒤에서 설명드릴 출산 장려 채권은 '미래의 인구'라는 막강한 자산을 담보로 한 것이며, 주택 구입 채권은 개인의 집을 담보로 발행한 것입니다. 아무런 담보도 없이 부실 은행에 막대한 공적자금을 지원하는 것보다 확실히 안전하며 도덕적입니다.

　국채의 발행이 옛 독일처럼 하이퍼인플레이션을 야기할 것이라는 것도 기우입니다. 중앙은행은 필요시에 시중의 자금을 빨아들일 다양한 수단들을 가지고 있습니다. 2008년 서브프라임 모기지 사태 이후 미국의 중앙은행은 막대한 공적자금을 은행에 퍼부었습니다. 그러나 인플레이션은 일어나지 않았습니다. 은행에 돈을 빌려주어 은행이 재무구조를 튼튼하게 만든 뒤에 다시 중앙은행에 예치하도록 했습니다. 어차피 달러 등 기축통화도 우리나라 화폐처럼 금과 연결되지 않은 불태환 화폐입니다. 앞으로 우리 정부가 발행할 무기한 무이자 국채를 모두 한국은행에 인수시킨다면 인플레이션과 디플레이션을 조절할 수 있습니다.

중국 정부는 중국의 국유기업을 증권시장에 상장시키고 있습니다. 중국의 국유기업은 오랜 공산체재 하에서 낭비적인 많은 악성의 빚을 지고 있었습니다. 기업에 빚이 많은 상태에서 기업을 공개해봐야 외국인들이 주식을 사줄 리 없습니다. 그래서 기업 공개 전에 중국 정부가 기업의 악성 채무를 떠안았습니다. 재무 상태가 건전해진 기업의 주식에 외국인들이 몰려들고 있습니다. 정부가 기업의 빚을 대신 인수함으로서 외국자본이 들어올 수 있었고, 덩치가 커진 기업들이 새로운 산업에 투자함으로서 고용을 늘리고 경제력을 키우는 것 입니다. IMF 외환 위기 때 우리나라의 우량자산들이 헐값에 외국인의 손에 넘어갔습니다. 만약 당시 한국은행이 직접 기업의 채권이나 주식을 사주었다면 국부(國富)를 지킬 수 있었고, 한국은행은 엄청난 부자가 되었을 것입니다.

중앙은행이 기업에 직접 투자를 할 수 없다는 것은 고정관념입니다. 2008년 서브프라임 모기지 사태 이후 미국의 중앙은행은 시중은행을 제치고 직접 기업의 채권과 주식을 사주었습니다. 각국 중앙은행의 기본 목표는 인플레이션을 방지하는 것입니다. 하지만 이제 그 존재 이유가 달라졌습니다. 중앙은행의 제1목표는 국내외의 경제 위기로부터 자국민을 보호하는 것입니다. 이번 서브프라임 모기지 사태 위기 이후 미국의 중앙은행은 전통적인 사고로는 도저히 상상할 수 없는 다양한 기법들을 동원했습니다. 우리는 이것을 배워야 합니다.

경제학에는 미시경제학과 거시경제학이 있습니다. 미시경제학의 기본 개념은 우리가 고등학교에서 배운 수요 곡선과 공급 곡선에 따라 원활하게 재화의 생산과 소비가 이루어지도록 하는 것을 연구하는 학문입니다. 그러나 1930년대 미국에서 경제대공황이 발생하자 미시경제학 이론만으로는 경제 위기를 막아낼 방법이 없다고 판단하여 미시경제학 이론에 고용, 이자, 화폐에 관한 이론을 추가시킵니다. 대표적인 인물이 케인스입니다. 정부와 중앙은행은 경제 위기 극복에 힘을 합쳐야 합니다.

2016년 10월 8일, 미국 워싱턴에서 '2016년 국제통화기금(IMF) · 세계은행(WB) 연차 총회'가 열렸습니다. 이 자리에 IMF 24개 상임이사국이 경제 현안을 논의했습니다. '결론은 첫째, 세계 경제 전망은 어둡다. 둘째, 경제 성장율 전망은 악화됐다. 셋째, 세계적인 수요 증가세가 약화됐다. 넷째, 선진국은 여전히 금융 위기 여파에서 벗어나지 못했고, 신흥국은 구조조정 과정에서 어려움을 겪으며 경제적 취약성에 직면해 있다'였습니다. 이에 따라 다음과 같은 권고사항을 발표했습니다.

"글로벌 성장 하락을 막기 위해 성장 친화적인 재정 정책 운용과 함께 통화 완화 기조를 유지해야 한다. 한마디로 돈을 더 풀어야 한다."

회의가 끝나고 기자들이 유일호 경제부총리와 이주열 한국은행 총재에게 물었습니다. "IMF와 세계은행에서 각국 정부가 돈을 더 풀어야 한다고 했습니다. 한국에서는 누가 돈을 푸나요?" 유일호 경제부총리가 답했습니다. "한국의 기준금리는 현재 1.25퍼센트입니다. 마이너스 금리까지 동원한 다른 선진국보다 상대적으로 '룸(인하 여력)'이 있습니다." 이 말은 경제부총리인 나보다 이주열 한국은행 총재가 해결하라는 표현입니다. 그러자 이주열 한국은행 총재가 말했습니다. "금융 안정 리스크를 고려할 때 통화 정책을 쓸 수 있는 여력은 상대적으로 제한적입니다. 한국의 재정 건전성은 세계적으로 톱클래스입니다." 이것은 한국은행 총재인 나는 화폐를 더 안 찍을 테니까 유일호 부총리 당신이 알아서 재정 정책을 펴라는 것입니다. 이것이 우리나라의 현실입니다.

겸손한 제안에 힘을 보태준 경제학자들

* 로버트 라이시

뉴욕에서 영국으로 가는 배 안에서 두 명의 젊은 청년이 만났습니다. 한 명은 훗날 미국 대통령 된 빌 클린턴이고, 또 다른 한 명은 빌 클린턴 정부의 초대 노동부 장관이 된 로버트 라이시입니다. 로버트 라이시는 버락 오바마 대통령 당선자의 경제자문위원으로 활동하기도 했습니다. 그는 미국 사회의 불평등에 대해 깊은 관심을 가지고 있으며, 2013년 선댄스영화제 수상작인 다큐멘터리 영화 〈모두를 위한 불평등Inequality for All〉을 공동 제작했습니다. 그는 미국 대선과 관련하여 다음과 같은 의미 있는 말을 했습니다.

"미국 선거에서 공화당이냐 민주당이냐는 중요하지 않다. 앞으로는 기득권층과 반기득권층의 대립이다. 대기업 임원, 월스트리트 은행가, 억만장자들은 게임의 룰을 조작해왔다. 이제 이런 게임의 룰을 조작해온 세력에 대항하는 새로운 세력이 등장해야 한다."

그는 2016년 미국 민주당 대통령 후보 경선에서 샌더슨을 지지했었습니다. 경선 과정에서 샌더슨은 대기업의 선거자금을 한 푼도 받지 않았습니다. 개인의 소액 정치후원금만을 받은 것입니다. "선거에서 거액의 영향력을 제거하기 위해 선거자금제도를 개혁해야 한다. 기업이 정치자금을 낼 수 없도록 해야 한다. 정치인은 정치자금의 사용을 낱낱이 공개해야 한다. 정부 관료는 퇴직 후 5년 동안 사기업 취직을 금지시켜야 한다. 학자 등 공공연구를 하는 사람은 자금의 출처를 낱낱이 밝혀야 한다"는 로버트 라이시의 소신과 샌더슨의 정치 철학이 일치했기 때문입니다.

《로버트 라이시의 자본주의를 구하라Saving Capitalism》

로버트 라이시는 2016년 출판한 《로버트 라이시의 자본주의를 구하라》에서 미국의 대기업 CEO와 일반 근로자의 급여 비율은 1965년 20대 1에서 2013년 거의 300대 1에 육박했고, 1978년부터 CEO의 급여는 2013년까지 930퍼센트 이상 높아졌지만 일반 근로자는 10퍼센트 늘어나는 데 그쳤다고 지적했습니다. 그러나 월스트리트의 금융전문가들은 이것을 개인 간의 실력 차이에 의한 당연한 결과라고 주장하고 있다고 말합니다.

하지만 이와 같은 일은 개인 간의 실력 차에 의해서 발생한 것이 아니라, 힘이 있는 소수가 법과 제도를 자신들에게 유리하게 바꾸어 챙긴 부당한 이득이라고 로버트 라이시는 지적합니다. 그는 이와 같은 불공정하고 불합리한 일들이 계속되면 자본주의 대표 국가 미국은 더 이상 지탱할 수 없다고 말합니다. 그는 부자에게 세금을 더 걷어야 한다는 데 반대합니다. 문제는 부자에게 얼마나 세금을 부과하여 부유하지 않은 사람들에게 재분배하느냐가 아니라, 사후에 대대적으로 재분배할 필요성이 발생하지 않도록 대부분의 사람들이 공정하다고 생각하는 재분배를 달성하는 것이라고 이야기합니다. 바로 그 방향으로 시장 규칙을 어떻게 고안할 것이냐를 놓고 논쟁을 벌여야 한다고 주장하면서 그는 아래와 같은 해법을 제시하고 있습니다.

첫째, 모든 미국인에게 18세가 되는 달부터 매달 지속적으로 기본 최저 소득을 지원해 경제적으로 자급자족하도록 도와야 한다. 이 방법은 1979년 보수주의 경제학자 프리드리히 하이에크가 실시하자고 주장했다.

둘째, 특허국이 모든 지적재산권의 작은 일부를 시민 모두에게 제공하고 정부가 보호한다. 국가의 지적자본 주식의 가치가 증가하면 모든 시민이 배당금을 받을 수 있다.

셋째, 새로 태어나는 모든 아이들에게 기본적으로 최저 가치의 주식과 채권을 제공한다.

넷째, 월스트리트 거대 은행은 국가 은행 자산의 5퍼센트 이상을 보유할 수 없고, 상품의 가격 결정에 참여할 수 없고, 초기 주식 공모에서 지배적인 역할을 할 수 없어야 한다. 글래스-스트걸법(일종의 금산분리법)을 부활시켜 주식과 파생상품에 대한 투자은행의 배팅을 보수적으로 유도해야 한다. 기업 CEO에 대한 스톡옵션에 내부자 거래가 이루어지지 않도록 해야 한다. 극초 단타 주식매매기업은 자신들이 사용하는 기법과 기술을 타인에게도 제공해야 한다. 최저임금은 중간급여의 절반까지 인상하고 그 이후에는 인플레이션에 맞게 조정해야 한다. 미국 근로자의 일자리를 보호하기 위하여 협정 체결상대국과 협상을 벌여 자국 근로자에게 중간 소득의 절반인 최저임금을 지급하라는 조건을 제시하고, 이로서 무역에 따른 이득을 상대국 근로자와 공유해 미국의 수출품을 구입하는 구매자를 늘여야 한다. 새로 일자리를 얻은 사람의 급여가 종전 일자리보다 적은 경우 90퍼센트까지 보전해주고 해당근로자가 풀타임 교육프로그램을 거쳐 기술을 바꾸거나 향상시키려할 때 예정급여의 90퍼센트를 지원해주어야 한다. 빈곤한 지역구 아동이 부유한 지역구 아동보다 학생 한 명당 지원금을 적게 받는 일이 없어야 한다. 거주지가 지역 소득에 따라 분리되고 있는 현실을 고려할 때 학교는 더 이상 지역 재산세에 주요 수입원을 의존하지 말아야 한다.

** 천즈우

중국의 경제학계에는 크게 두 가지 학파가 있습니다. 첫째는 국내파입니다. 중국 내에서 교육을 받았거나 미국에서 공부를 하고 다시 중국으로 돌아간 사람들입니다. 두 번째는, 미국파입니다. 미국파는 미국에서 교육을 받고 미국에서 연구 활동을 하는 학자들입니다. 예일 대학교 경제학과 천즈우 교수는 후자인 미국파입니다.

천즈우 교수의 저서들도 미국을 비롯한 서방의 경제학을 중국에 소개하고 있습니다. 그런데 천즈우 교수는 중국인들에게 뿐만이 아니라 전 세계인들에게 자본주의의 원리를 아주 쉬운 말로 이야기하고 있습니다. 그는 미국의 경제학자들도 지나쳤을 자본주의 원리를 찾아내서 '아! 자본주의에 이런 장점도 있었구나'라고 느낄 수 있을 정도의 예리한 분석력을 보여줍니다.

천즈우 교수의 탁월한 점은 중국인이지만 중국을 객관적으로 사랑하는 진정한 애국자입니다. 그는 《화폐전쟁》의 저자 쑹훙빈과 같은 음모론을 일축합니다. 중국의 경제계는 미국이 주도하는 금융자본의 공격으로부터 자국 경제를 방어하려는 음모론적인 담론과 그와는 달리 선진 금융 시스템의 도입을 통해 중국 경제를 전세계적 자본시장의 중심 거점으로 도약시키고자 하는 담론의 양갈래로 서 있습니다. 천즈우 교수가 바로 후자입니다.

천즈우 교수는 금융의 본질을 배제한 세계 경제에 대한 음모론적 해석이 얼마나 허황한 것인지, 또한 금융에 대한 이해가 없이 한 나라의 부흥과 멸망을 논하는 것이 얼마나 무기력한 것인지 등을 말하고 있습니다. 그는 자신의 견해를 아무 두려움 없이 말합니다. 중국인들이 조금 잘 살게 됐다고 흔히 '베이징 컨센서스'라고 말하지만 이는 잘못된 견해라는 것입니다. 그는 "베이징 컨센서스는 없다"고 단언합니다. 자본주의 경제 원리는 개인의 재산권을 기초로 자유로운 거래가 이루어지는 시장주의만이 유일한 원리라며, 변형된 중국식 자본주의 논의를 차단합니다. 그는 해양패권주의를 향해서 나가고 있는 자신의 조국 중국에 대한 우려를 표시하고 있습니다. 역사적으로 볼 때 바다는 한 나라만이 지배적인 영향력을 행사할 때가 가장 평온했다는 것입니다. 만약 중국이 미국의 해양패권에 도전한다면 커다란 혼란이 올 것이며, 이것이 중국에게 실익을 가져다주지 못한다고 말합니다. 물론 중국 내에서는 천즈우 교수를 매국노로 보는 시각도 존재합니다.

《자본의 전략》

중국에서 천즈우 교수의 저서 《자본의 전략》은 중국의 국부론으로 통하고 있습니다. 저자는 경제학을 공부하면서 인간 행위의 최종 목적은 인생의 효용 함수를 극대화하는 것임을 알았습니다.

이 책에서 그는 공자의 삼강오륜을 경제학적으로 설명합니다. 공자시대의 삼강오륜은 당시의 연금보험이었다는 것입니다. 농업경제시대에 자식의 배반(背反)은 곧 노후에 자신의 생계를 위태롭게 만들 수 있기 때문에 강력한 인적(人的) 보험이 필요했던 것입니다. 하지만 유럽에서는 일찍부터 해상무역이 발전했고, 바다에서의 위험을 헤징하기 위해 보험업이 발달했다고 주장합니다. 유럽에서 자식이란 인생이 동반자이자 친구이지만, 중국에서의 아들은 아버지의 노후를 보장하기 위한 인보험(人保險) 자산이었습니다.

유럽에서는 인생효용함수의 극대화를 달성하는 확실한 방법 중 하나로 금융이라는 수단을 사용했습니다. 금융이 없는 국가에서 가장 행복한 사람은 국왕 1인에 국한됩니다. 그런데 그 국왕도 금융강국에게 자신의 국가를 침탈당할 수밖에 없었다는 역사적 결과를 들면서 금융의 힘을 다음과 같이 묘사합니다.

"중국의 역대 왕조는 초기에는 국고가 가득 차 있었으나 이후 형편이 점차 악화되면서 결국에는 재정위기로 왕조를 마감했다. 반면 미국은 건국 초기에 엄청난 부채를 안고 있었으나 이후 채권시장을 이용해 미래의 돈을 끌어 썼고 갈수록 그 규모가 늘어났다. 그럼에도 국력은 점차 강력해졌다."

'대출'을 잘 이용하면 크게는 국가가 강대해지고 작게는 개인이 발전한다. 과거 중국 왕조가 멸망한 결정적인 이유는 서유럽처럼 '장기 채권'을 발행해 채무 부담을 분산시키지 못했기 때문이다.

영국의 동인도회사가 무역회사이기도 했지만, 정부와 국민 사이에서 '증권 중개회사' 역할을 함으로써 더욱 성장할 수 있었다. 영국과 미국이라는 두 나라의 가장 큰 차이점은 영국의 금융업은 세계 정상급이었지만 은행, 보험, 채권시장에만 집중했을 뿐 '거품 방지법'으로 주식거래를 막아 160년이나 증시의 발전이 정체된 반면, 미국은 과도한 리스크를 핸들링하면서도 주식시장을 주도해 금융의 강국으로 성장했다는 점 등을 흥미로운 데이터와 역사 자료를 근거로 비교 · 분석하고 있습니다.

쌀 과잉 공급, 국가가
논을 매입하면 해결됩니다

올해(2016년) 정부가 쌀로 인해 쓰고, 앞으로 써야 할 세금이 약 3조 원 정도일 것으로 추정됩니다. 쌀 재배 농가에 차액을 보존해주는 직불금과 남아도는 쌀의 수매 그리고 보관에 드는 비용입니다.

2015년 11월 정부 창고에 쌓여 있는 쌀 재고량은 UN식량농업기구(FAO)가 권고한 적정 비축량(72만 톤)의 두 배 가까운 136만 톤입니다. 약 2000만 명이 한 해 동안 먹을 수 있는 양으로, 보관 비용만 연간 4300억 원이 듭니다. 이렇게 쌀 재고가 늘어나는 이유는 국민들의 쌀 소비가 줄고 있고 쌀 개방을 하지 않는 반대급부로 외국으로부터 해마다 의무적으로 30만 톤을 수입하기 때문입니다.

그럼에도 불구하고 정부와 정치권은 쌀 문제를 근본적으로 해결하지 못하고 있습니다. 기껏 정부가 내놓은 대책이라야 '밥 많이 먹기 캠페인' 정도가 고작입니다. 언론은 근본적인 대책을 수립하라고 매해 가을마다 기사를 씁니다.

근본적인 대책은 농민들이 쌀 농사를 짓지 못하도록 해야 합니다. 즉 쌀 재배 면적을 줄여야 하는 것입니다. 정부 일각에서 농지 전용을 쉽게 만들어 논을 다른 용도로 사용해야 한다는 주장도 나오고 있습니다. 하지만 이 또한 국제적인 기상 이변으로 각국이 식량을 무기화할 수 있다는 식량 안보론에 밀려 시행에 어려움이 있습니다. 여기서 저는 다음과 같은 제안을 합니다.

첫째, 정부가 논을 매입해야 합니다. 이 방법이 가장 확실합니다. 우리나라의 그 어떤 정치인도 추곡수매를 중단하겠다거나, 직불제를 폐지하겠다는 말을 할 수 없습니다.

그렇다면 정답은 정부가 논을 구입하는 것입니다. 물론 정부에 논을 매각하는 농부는 다시는 쌀 농사를 짓지 않는다는 조건에 동의해야 합니다. 문제는 역시 돈입니다. 해법은 무기한 무이자 국채를 발행하여 한국은행에 인수시키는 것입니다. 논이라는 자산을 농민이 가지고 있으나 국가가 보유하고 있으나 대한민국의 경제 주체인 가계, 기업, 정부 중 한 곳에서 보유하고 있는 것은 마찬가지입니다.

둘째, 정부는 매입한 논을 밭으로 사용할 농가에 임대해주어야 합니다. 이때 임대기간은 2년으로 하고 식량 부족 등 필요시에 정부가 다시 논으로 전환할 수 있도록 수리시설 등을 갖추어야 합니다. 밭을 논으로 전환하는 데는 시간이 필요합니다. 하지만 국제적인 기상 이변으로 쌀의 수입이 어려워진다 하더라도 이미 우리나라에는 2년 치 쌀이 비축돼 있습니다.

저는 평소부터 수도권에 남아도는 논을 골프장으로 사용하자고 주장해왔습니다. 필요시에 언제든지 논으로 전환할 수 있도록 수리시설을 완비하고 영구건물을 짓지 않으면 됩니다. 즉 올해 가을에 공사를 시작해서 다음해 봄에 쌀 농사를 지을 수 있게 골프장을 설계하면 됩니다. 산을 깎아서 골프장을 만드는 것보다 훨씬 저렴하고 자연친화적입니다.

또 매입한 논 중에 다시는 논으로 쓰기에는 경제성이 없는 논은 정부가 용도를 변경하여 민간에게 매각하는 것도 생각할 수 있습니다. 용도의 변경은 항상 가치의 상승을 가져옵니다. 정부가 잘만 연구하면 논 매입 비용의 상당 부분을 이런 식으로 충당할 수 있습니다.

법인세율과
근로자 임금의 상관 관계

　2016년 가을 "법인세를 올려야 한다"는 야당의 주장에 대해 여당
은 "지금도 우리나라 법인세 수준이 다른 나라 보다 높다"고 반대했
습니다.

　법인세를 올려야 한다는 주장을 살펴보면 모든 법인의 법인세율을
올리자는 것이 아닌 일부 대기업의 법인세를 올리자는 것입니다. 더
불어민주당 안을 따르면 우리나라 전체 법인의 0.04퍼센트에 해당하
는 440개 기업이 대상이며, 국민의당은 1034개 기업의 법인세를 인
상하자는 것입니다. 전자의 경우 법인세 증가분은 2조 7천 9백 억 원

이며, 후자에 따르면 증가분이 2조 7천 6백 억 원입니다. 그러나 법인세 인상에 반대하는 새누리당은 대기업에 대한 법인세 인상은 중소기업에 부담이 전가될 수 있으며 "법인세율을 인상하면 기업은 소비자 가격 인상, 임금 상승 억제, 배당 축소 등으로 대응할 것"이라며 "세 부담은 다수 국민이 지게 되므로 부자 증세가 아닌 국민 증세"라고 주장했습니다.

여기서 법인세에 관한 색다른 분석을 소개합니다. 2016년 10월 14일, 김학수 한국조세재정연구원 선임연구위원의 '법인세 부담 수준에 대한 평가와 시사점' 보고서에 따르면, 수출 비중이 높은 나라는 수출 비중이 낮은 나라에 비해 법인세율이 낮다는 것입니다.

그 이유는 수출 비중이 높은 국가가 높은 수준의 법인세를 부과할 경우, 해당국 기업의 국제 경쟁력을 악화시키기 때문이며, 반면 수출 비중이 낮은 국가의 경우 법인세율이 높은 경향이 있는 것으로 밝혀졌다는 것입니다.

예를 들면 2010년 이후 수출 비중 평균이 52퍼센트인 우리나라의 법인세율 22퍼센트이지만, 수출 비중이 각각 12.6퍼센트와 19.8퍼센트로 매우 낮은 미국과 호주의 법인세율은 30퍼센트 이상입니다. 이 보고서는 우리나라와 비슷한 수출 비중을 가진 나라들과 비교했을 때 우리나라의 법인세율이 2퍼센트 높다고 지적하고 있습니다.

이 보고서의 핵심은 세계 각국의 법인세율은 해당 국가가 처한 경제 상황과 밀접한 관계를 맺고 있기 때문에 우리도 한국 경제의 특징과 구조를 정확히 파악한 상태에서 법인세율 인상 여부를 논의하는 게 바람직하며, 또 수출 비중이 높은 국가가 무리하게 법인세율을 인상할 경우 국제 경쟁력이 떨어지면서 법인 세수가 늘기는커녕 오히려 감소할 수도 있고, 수출이 타격을 입으면서 국민 경제 전체에 심각한 악영향을 불러올 수도 있기 때문에 매우 신중을 기할 필요가 있다"는 것입니다. 그런가 하면 45대 미국 대통령으로 당선된 트럼프는 현재 미국의 최고 법인세율 35퍼센트를 15퍼센트로 낮추겠다는 공약을 발표한 바 있습니다.

법인세에 관한 또 다른 제안을 소개해드립니다. 그리고 이 안은 우리가 현 시점에서 한번 채택해볼 필요가 있는 제안이라고 생각합니다.

클린턴 대통령 시절 초대 노동부 장관을 역임했고 2016년 미국 민주당 대선후보 경선에서 버니 샌더스를 지지하며 샌더스 열풍을 주도한 로버트 라이시 교수는 미국을 비롯한 선진국의 일반 근로자가 잘 살지 못하고 경제적으로 곤란한 지경에 점점 더 깊이 빠져드는 원인과 해법을 연구해왔습니다.

그는 2016년 《로버트 라이시의 자본주의를 구하라》라는 저서를 통해, 정치인들이 법인세를 높이자는 주장에는 무엇보다도 먼저 근로자의 임금이 늘어나야 한다는 전제 조건을 충족시켜야 한다고 주장합니다. 정치인들은 법인세를 높여서 복지에 사용하자고 하지만 법인세를 높이면 자본가가 투자를 하지 않을 수도 있기 때문에 오히려 고용이 감소될 수도 있다는 것입니다. 그래서 그는 법인세 정책이 근로자의 소득을 실질적으로 높여주는 방향으로 개정돼야 한다고 말하면서, 법인세율을 근로자의 임금과 연동시키자는 주장을 했습니다. 예를 들어 설명드립니다.

로버트 라이시가 제안한 법인세율(예)

	중간근로자와 CEO의 연봉 차이	법인세율
A기업	10배	20퍼센트
B기업	15배	25퍼센트
C기업	20배	30퍼센트

위의 표처럼 A라는 기업의 중간근로자 연봉은 5천만 원이고 CEO 는 이보다 10배가 많은 5억 원입니다. 이 기업의 법인세율은 20퍼센트입니다. B라는 기업은 근로자와 CEO의 연봉 차이가 15배입니다. 이때 B기업의 법인세율은 25퍼센트입니다. C기업은 연봉 차이가 20배입니다. C기업의 법인세율은 30퍼센트입니다.

이와 같이 중간근로자의 임금과 CEO의 임금 격차가 큰 기업일수록 법인세율이 높아집니다. 따라서 기업이 법인세를 낮추려면 두 가지 중 하나를 선택해야 합니다. 첫째는, 근로자들에게 많은 급료를 주는 것입니다. 둘째는, CEO의 월급을 낮추면 됩니다. 전자를 택할 것인지 아니면 후자를 택할 것인지는 기업이 결정을 할 것입니다.

이 제안의 목적은 국가가 법인세를 많이 징수하는 데 있지 않습니다. 기업이 근로자들에게 보다 많은 급여를 지급케 하려는 데 있습니다. 즉 "우리 미국 근로자의 임금을 올릴 테니 한국도 근로자의 임금을 올려라. 그렇지 않으면 한국물품을 수입하지 않겠다"는 것입니다.

지난번 미국 대통령 선거에서 힐러리와 트럼프 후보 모두 자신이 당선되면 외국과 이미 체결한 FTA 조항을 재검토하겠다고 했습니다. 미국은 바로 이 조항을 우리에게 요구할 가능성이 큽니다. 다시 속된 표현을 빌려서 말씀드리면 다음과 같습니다.

"그동안 한국은 낮은 임금으로 미국의 근로자들을 괴롭혀왔다. 이제는 우리도 못 참겠다. 나도 근로자의 임금을 올릴 테니 너도 올려라. 그것이 공정하다."

앞으로 예상되는 미국의 이런 요구가 우리에게 특히 문제가 되는 것은, 완성차를 만드는 현대자동차 직원의 임금뿐만이 아니라 현대자동차에 부품을 납품하는 하청업체 직원의 임금까지를 포함시켜 요구할 수도 있기 때문입니다. 이렇게 되면 문제가 복잡해집니다. 지금으로서는 이런 일이 발생하지 않기를 희망하는 것이 가장 좋은 대책입니다.

투기적 부동산 투자자들에게
박수를 보냅시다

아래의 글은 2016년 10월 22일자 매일경제신문의 기사 제목입니다.

강남 재건축 과열, 수도권 청약 광풍…고민 깊어진 정부

국토부 장관 구두개입 이후 이렇다 할 액션 안 나와

섣불리 부동산에 메스 댔다간 경기 전체에 악영향

방치하자니 시장 과열 놔두냐는 여론의 눈총 우려

위의 기사 제목을 읽고 있으면 머지않은 장래에 또 무엇인가 정부의 발표가 있을 것 같은 예감이 듭니다. 아래는 동일자 매일경제신문에 실린 표입니다.

부동산 규제 현황

유형	대표적 규제들
거래규제	투기과열지구·투기지역 지정, 투기과열지구 재건축조합원 지위양도 금지, 재건축 개발이익 환수제, 청약가점제 확대, 분양권 전매제한
조세규제	취등록세 강화, 양도세 중과, 종합부동산세·재산세 강화
금융규제	주택담보인정비율(LTV)총부채상환비율(DTI) 요율 하향조정 및 적용범위 확대, 저리 대출 심사요건 강화, 대출금리 인상, 대출총량 제한
공급규제	공공 임대주택 공급 확대, 재건축 심사 강화, 주택도시보증공사 분양보증 심사 강화, 분양가 상한제
기타규제	투기단속 및 세무조사

역대 정부 부동산 정책 기조

대통령	박정희	전두환	노태우	김영삼	김대중	노무현	이명박
집권기간	1962~1979	1980~1986	1987~1992	1993~1997	1998~2002	2003~2007	2008~2012
정책기조	규제	완화	규제	완화	완화	규제	완화
특징	기본법령 제정	지역개발 집중	토지공개념 도입	주택공급 확대	서민주의 의거 강력한 규제	경기부양 위한 규제 완화	

위의 표를 보면 정부의 부동산 정책은 온탕과 냉탕을 반복한 것을 알 수 있습니다. 그리고 그 실효가 없었음을 보여주고 있습니다. 이것은 앞으로 있을 것으로 예상되는 정부의 대책 또한 냉온탕의 반복에 불과할 것으로 예상하게 합니다. "개인은 정부에 맞서지 말고 정부는 시장에 맞서지 말라"는 격언이 있습니다. 이 문장에서 가장 중요한 것은 "정부는 시장에 맞서지 말라"는 것입니다. 지금까지의 부동산 정책이 냉온탕을 넘나드는 것은 잘못된 시장 개입으로 빚어진 부작용

을 또 다시 시장 개입으로 치유하려 했기 때문입니다.

"강남 재건축 과열, 수도권 청약 광풍…고민 깊어진 정부"라는 기사 제목을 분석해 살펴보겠습니다. 강남에 재건축되는 아파트의 가격이 올라가는 것은 당연한 경제 현상입니다. 수도 서울의 중심이기 때문입니다. 수도권 아파트 청약에 사람들이 몰리는 것 또한 당연한 일입니다. 수도권은 서울에 가까이 있기 때문입니다. 하지만 '고민 깊어지는 정부'는 잘못된 것입니다. 정부는 고민해야 할 필요가 없습니다.

정부는 우리나라의 아파트 가격은 강남을 시작으로 오르고 수도권으로 확산되어 전국적인 부동산 가격의 상승으로 이어진다고 믿고 있습니다. 이 믿음은 사실입니다. 그래서 정부는 제일 먼저 강남의 집값부터 잡아야 한다고 생각합니다. 즉 화재의 진원지부터 진화를 해야 한다고 생각합니다. 또한 언론들도 부동산 소방당국의 출동을 재촉해 왔습니다. 정부는 당장 급한 불을 끄려고 합니다. 하지만 화재의 원인을 알아야 합니다. 정부는 화재의 원인을 알고 있지 못하며 또한 알려고 시도하지도 않습니다.

오늘날(2016년), 강남에 재건축이 과열되고 수도권에 청약 광풍이 부는 까닭은 우리 국민 대부분이 공간에 대한 잘못된 믿음을 가지고 있기 때문입니다. 위로의 팽창과 옆으로의 확산이 나쁜 것이라는 잘못된 족쇄를 스스로 차고 있습니다. 그러면서 그 족쇄를 끊어버리려는 노력을 하지 않았습니다.

자본주의 사회에서 가격이 오르는 이유는 공급이 부족해서입니다. 아파트 가격이 오르는 이유는 아파트가 부족해서입니다. 그런데 아파트라는 상품의 가격에 영향을 주는 가장 중요한 요소는 지역성입니다. 우리는 흔히 '좁은 국토'라는 표현을 자주 사용합니다. 이 말은 '좁은 서울'이라는 표현으로 대신할 수 있습니다. 즉 서울이 좁기 때문에 아파트 가격이 오르는 것입니다.

그렇다면 '좁은 서울'을 넓히는 방법은 무엇일까요? 아주 간단합니다. 위로의 팽창과 옆으로의 확산입니다. 위로의 팽창과 옆으로의 확산을 막으면 공간의 낭비를 가져옵니다.

우리나라 경제의 가장 큰 문제는 공간의 낭비에 있습니다. 예산의 낭비는 한 번에 끝납니다. 하지만 공간의 낭비는 계속적으로 경제에 악영향을 미칩니다. 공간을 낭비하는 대표적인 공공건물은 서울 서초동의 검찰과 법원 건물입니다. 여의도의 국회 또한 마찬가지입니다. 이런 공공건물의 공간 낭비는 자신만의 낭비를 넘어 민간 건축물의 공간 낭비를 강요하고 있습니다. 일본 동경의 대표적인 재개발 사업은 '롯폰기힐스'입니다. 재개발 사업의 시행자인 모리빌딩은 1986년부터 낙후된 롯폰기힐스의 재개발 사업에 뛰어들어 17년 만에 이 지역을 도쿄의 신흥 부촌이자 새 랜드마크로 만들어 놓았습니다. 2016년 10월 서울에서 열린 제17회 세계지식포럼에 참석한 모리 히로오 모리빌딩 부사장은 매일경제신문과의 인터뷰에서 다음과 같이 밝혔습니다.

- 초고층 개발이 한창인 도쿄역 인근 마루노우치도 한때 인근 황궁 때문에 건물 높이를 규제했다. 하지만 시대가 바뀌면서 새로운 공간에 대한 수요가 생기자 도쿄도에서 높이 규제를 풀었다. 건물을 높게 짓는 대신 시민이 이용할 수 있는 공간을 만들고 저층부에 상업·문화 시설을 만들어 가로 활성화에 힘쓰고 있다.

일본에서는 용적률에 의해 높이가 결정되는데 공공기여로 인센티브를 받으면 용적률이 늘어 넓은 용지에서는 초고층 개발이 가능하다. 도쿄도청 높이 250~260미터를 넘지 않는 수준으로 민간 사업자들 사이에서 암묵적인 룰이 있는 정도다.

- 중층 건물 두 개 지을 것을 합쳐 고층으로 한 동을 지으면 토지면적 절반을 아낄 수 있다. 또 그만그만한 높이의 건물들이 들어서면 오픈 스페이스가 작지만 고층으로 한 동을 지으면 설령 옆에 또 하나의 건물이 서더라도 전체적으로 밀집도가 낮아진다. 역사문화 자원을 잘 보존하고 시민들이 공유하도록 인근에 오픈 스페이스를 확보하기 위해서라도 약간 떨어진 곳은 높게 짓는 것도 방법이다. 건물 높이를 일률적으로 규제하는 것은 넌센스다.

그는 또한 고령화되는 나라는 고층빌딩이 필수라며 이렇게 말했습니다.

수직 개발하면 사람의 이동 부담이 작아지고 그만큼 에너지 소모도 효율적이다. 특히 고령화 도시에서는 콤팩트 시티가 바람직하다. 일본 정부는 교외 등 도시 외곽에 고령자가 많이 거주하면 사회·복지 서비스를 제공하는 데 시간과 비용이 많이 들어 최대한 도시를 압축하려 한다. 고령자들에겐 주택, 슈퍼마켓, 병원, 미술관 등이 모여 있는 이동거리가 짧은 곳이 좋다.

우리 서울은 재건축을 규제하는 많은 조항들이 있습니다. 이러한 조항들 중에는 위로의 팽창을 막는 내용이 있습니다. 위로의 팽창을 억제하는 이유 중에는 과도한 위로의 팽창은 막대한 개발 이익을 현재의 토지 소유주들에게 돌려준다는 것도 포함돼 있습니다.

하지만 이것은 단견(短見)입니다. 소득(所得)이 있는 곳에 과세(課稅)가 따라옵니다. 기존 토지 소유주들에게 더 많은 이익을 안겨주고 그만큼 더 세금을 징수하는 것이 현명합니다. 이유야 어떻든 높이를 제한하는 것만큼 우리의 사고력과 창의력은 위축됩니다.

많은 사람들이 '파리'라는 도시의 높이가 높지 않음을 말합니다. 예, 맞습니다. 저는 파리에서 3년간 특파원으로 근무했습니다. 당시 저는 파리라는 도시에 매료됐습니다. 지금도 저는 파리를 좋아합니다. 하지만 파리는 '부티크 도시'라는 것을 알아야 합니다. 부티크란 보석이나 꽃을 파는 아주 아름다운 가게를 말합니다. 파리는 부티크입니다. 당연히 관광객에게 매력적인 도시입니다. 하지만 관광객은 이 부티크 도시가 가지고 있는 치명적인 결함을 알지 못합니다. 여기서 도시학자 전상현 씨의 견해를 소개합니다. 전상현 씨는 '도시에 관한 인문학적 의심'이라는 부제가 붙어있는 《도시유감(都市有感)》이라는 책에서 다음과 같이 말합니다.

파리는 박제된 도시다. 시간이 지남에 따라 도시의 경계가 확장되고 적정 규모의 옛 건물들이 새로운 건물로 대체되면서 도시가 성장하는 것이 보통 우리가 알고 있는 도시의 역사이자 모습이다. 하지만 파리는 오스만 시절 이후 그 모습이 거의 변하지 않았다. 20세기 동안 급격한 경제성장을 이루어냈음에도 불구하고 시 외곽의 구(1860년 새로이 시로 편입된 8개의 구) 일부와 교외지역에 인구가 늘어나고 새로운 건축물이 들어섰을 뿐 대부분 옛 모습 그대로다. 파리시는 1860년에 확정한 시 경계를 그대로 유지하고 있으며 시내 건축물은 보존이라는 틀 안에서 신축이 거의 허용되지 않았다. 한마디로 경제 규모에 어울리지 않는 작은 도시의 모습을 간직하고 있는 것이다.(중략) 파리는 면적의 확장도 불가능했지만 높이의 확장도 사실상 불가능했다. 한마디로 19세기 도시의 용적이 거의 그대로 유지된 셈이다.(중략) 박제된 파리는 아름다움을 얻었지만 다른 문제를 야기했다. 비싼 도시가 되어 아무나 함부로 살 수 없는 도시가 된 것이다. 소형 아파트 매매가격은 이미 100만 달러를 넘어섰고 호텔 숙박비용은 종종 하룻밤에 1,000달러를 넘기도 한다.(중략) 경제 활동이 활발한 도시라면 수요가 높은 도시중심부를 고층건물로 채우는 것이 수요와 공급 문제를 해결하는 가장 자연스러운 방법이나 파리는 극단적으로 공급을 제한했다. 그 결과 파리는 중산층조차 살기 부담스러운 부티크 도시가 되어버렸다.

　우리의 수도권에 아파트 청약 광풍이 부는 이유가 있습니다. 그린벨트 때문입니다. 앞서 전상현 씨가 파리의 예에서 설명했듯이 그린벨트로 인해 서울은 옆으로의 확장이 오랫동안 불가능했습니다. 최근(2016년), 서울과 인접해 있던 그린벨트를 일부 해제하고 그 지역에 만들어진 아파트 청약에 사람들이 몰리는 것은 당연합니다. 이것은 그린벨트를 해제하라는 시장(市場)의 압력입니다. 또한 고속으로 달리는 신분당선과 도심 KTX라고 불리는 GTX(도심고속철도)역 부근의 아파트 가격이 오르는 것은 지극히 정상적인 상황입니다.

　이렇게 정상적인 경제 행위를 아마도 정부는 또 막으려 할 것입니다. 그 이유는 정부는 이것을 화재(火災)라고 생각하고 언론은 빨리 불을 끄라고 재촉하기 때문입니다. 그래서 ○○과열지구라는 이름의 방화저지선을 구축합니다. 정부는 화재의 원인을 알고 있지 못합니다.

　여기서 다시 신문기사를 살펴봅니다. 앞서 살펴보았듯 매일경제신문은 "강남 재건축 과열, 수도권 청약 광풍…고민 깊어진 정부"라는 제목의 기사를 10월 22일자로 게재했습니다. 아래는 그로부터 이틀 뒤 10월 24일자 신문의 제목과 관련 기사에 삽입된 그래프입니다. 흥미로운 사실은 주무장관의 말 한마디에 시장은 아주 순한 양처럼 행동한다는 것이며, 고무풍선처럼 한쪽을 누르면 다른 한쪽이 튀어나온다는 것입니다. 이것은 우리나라 부동산 정책에 대한 오랜 학습의 결과입니다.

규제 타깃 강남재건축 거래 '올스톱'…2천만 원 내려도 잠잠

"정부 대책 일단 지켜보자" 움츠러든 부동산

내달 잠원한신 재건축분양이 바로미터될 듯

수도권 · 부산 청약엔 뭉칫돈…풍선효과 우려

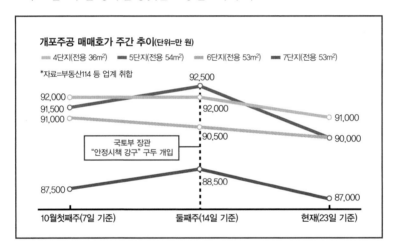

이런 일이 일어나는 주요한 이유는 우리나라 부동산 시장에는 일본
과는 달리 아직 수요자가 있기 때문입니다. 이 수요자 중에는 거주를
목적으로 하는 사람도 있고, 투자를 목적으로 하는 사람도 있습니다.
당국은 전자를 실수요자라고 하고 후자를 투기적 수요자라고 부릅니
다. 당국은 전자인 실수요자를 보호하기 위해 후자인 투기적 수요자
를 색출하여 불이익을 주려고 합니다. 투기적 수요자를 막는 가장 확

실한 방법은 투기적 수요자를 발견하여 감옥에 보내면 됩니다.

여기서 잠시 화제를 돌리겠습니다. 가끔 정부는 군기를 잡을 목적으로 공직자를 대상으로 골프 금지령을 내립니다. 그런데 재미있는 것은 골프 금지령이 있으면 골프 해제령이 있어야 하는데 우리나라에는 골프 금지령만 있습니다. 결국 언제나 골프 금지령은 지켜지지 않았다는 것입니다. 그 이유는 골프를 금지할 법규가 대한민국에는 존재하지 않기 때문입니다. 골프장은 당국으로부터 허가를 받은 시설입니다. 영업을 허가받은 시설에 국민들의 출입을 막을 법률적인 근거가 없습니다. 또 한 가지 예가 있습니다. 한때 미국에는 금주법이 있었습니다. 그러나 지켜지지 않았습니다. 금주법으로 가장 재미를 본 집단은 마피아입니다. 영화 〈대부〉의 모델 알카포네는 유명한 밀주업자였습니다. 다시 이야기를 우리나라 부동산 시장으로 돌리겠습니다.

부동산 시장에서 실수요자와 투기적 수요자를 구분할 수 없으며 구분해야 할 필요도 없습니다. '할 수 없으며' 또 '할 필요도 없는' 일을 하는 정부 때문에 국가적으로 막대한 낭비가 초래되고 있습니다. 원초적인 질문을 드려봅니다. 많은 사람들이 투기는 나쁜 것으로 생각하고 있습니다. 과연 그럴까요?

이해를 돕기 위해 실화를 하나 들려드리겠습니다. 2005년 8월 대서양에 허리케인이 몰아닥쳤습니다. 뉴올리언스라는 남부도시의 절반 가량이 물에 잠겼습니다. 뉴올리언스 시민에게 가장 급한 것은 침

수된 집에서 물을 품어 올릴 양수기였습니다. 미국 전역의 양수기업자들이 양수기를 트럭에 싣고 뉴올리언스로 달려갔습니다. 양수기 값은 부르는 게 값이었습니다. 양수기를 싣고 빨리만 달려가면 떼돈을 벌 수 있었습니다. 그런데 당국에서 불행에 빠진 뉴올리언스 시민을 상대로 터무니없는 가격을 요구하는 양수기 업자를 잡아서 처벌했습니다. 이 소문이 미국 전역에 퍼졌습니다. 양수기를 싣고 뉴올리언스로 향하던 양수기 업자들이 모두 차를 돌려 되돌아가 버렸습니다. 피해자는 뉴올리언스 시민이었습니다. 처벌의 위험을 감수하고 뉴올리언스로 와서 위험수당을 추가로 요구하는 양수기 업자의 요구에 응할 수밖에 없었기 때문입니다.

우리나라의 부동산 정책 당국자들이 해야 할 첫 번째 일은 주택시장에서 실수요자와 투기적 수요자를 구분하려는 일을 멈추는 것입니다. 즉 1가구 1주택 제도를 폐지해야 합니다. 우리나라는 오래전에 주택보급률이 100퍼센트를 넘어섰기 때문에 1가구 1주택 제도는 더욱더 존립의 근거를 찾을 수 없습니다.

정부가 해야 할 두 번째 일은, 그린벨트와 고도제한을 폐지하는 것입니다. 우리는 그린벨트에 대한 환상을 가지고 있습니다. 그린벨트가 우리의 환경을 보호해줄 것이라는 막연한 기대감입니다. 하지만 그린벨트는 환경파괴적입니다. 그린벨트가 없었다면, 서울은 자연스럽게 그 외연을 확장했을 것입니다. 그러나 그 경계가 그린벨트에 묶여서 서울 경계에서 훨씬 더 먼 곳의 자연을 파괴하여 여러 개의 크고 작은 신도시를 만들어야 했습니다.

정부가 해야 할 마지막 일은 부동산으로 이익을 보려는 많은 국민들과 함께 많은 고용을 창출하여 경제 위기를 극복하는 것입니다. 모든 시장에는 투기적 수요자가 존재합니다.

부동산 시장 역시 마찬가지입니다. 우리나라 부동산 시장에 투기적 수요자가 없었다면 서울이 오늘날과 같은 매머드 도시로 탄생할 수 있었을까요? 투기적 수요자 모두가 돈을 벌었을까요? 물론 많은 사람이 돈을 벌었지만, 손해를 본 사람도 적지 않습니다. 자본주의 국가가 발전하려면 투기적 수요자가 필요합니다.

영국의 주식시장에 주식 사기꾼이 있었습니다. 영국 정부는 주식은 투자가 아닌 투기라고 생각했습니다. 그래서 100년 넘게 주식시장을 규제했습니다. 산업화에 필요한 자금은 채권시장에만 조달이 가능했습니다.

'리보 금리'라는 용어를 들어본 적이 있으실 겁니다. 리보(LIBOR)금리는 'London inter-bank offered rates'의 약자입니다. 즉 런던에 있는 은행들 사이에 서로 돈을 빌리고 빌려줄 때(통상 6개월 이내) 사용하는 금리입니다. 이것이 국제적으로 사용되는 채권의 기준금리로 오늘날도 사용되고 있습니다.

하지만 미국은 달랐습니다. 주식시장에서 여러 건의 사기 사건이 발생했음에도 불구하고 미국은 주식시장의 규모를 키웠습니다. 서부 개척시대부터 미국 전역을 개발하는 데 필요한 자금은 거의 주식시장에서 투기적 수요자들에 의해 조달됐습니다. 마이크로소프트의 빌 게이츠와 페이스북의 저커버그 등은 주식시장에서 투기적 투자자들로부터 자금을 끌어모아 억만장자가 된 사람들입니다.

우리나라 부동산 시장에 투기적 수요자들이 많이 있습니다. 그렇다면 답은 간단합니다. 부동산 시장의 투기적 수요자들을 이용하여 직업을 창출하고 청년실업과 고령화 문제를 해결하면 됩니다. 취임 초기 박근혜 대통령은 "통일은 대박이다"라는 말을 했습니다. 통일이 대박인 이유는 북한의 인구 수천만 명이 소비자로 편입되기 때문입니다. 부동산 시장에서 도심 재개발을 대박사업으로 만들면 됩니다. 많은 분들이 "농촌에 미래가 있다"고 말합니다. 저는 이 표현에 높은 점수를 주면서까지 동의를 하고 싶지는 않습니다. 우리나라의 미래는 도시에 있습니다.

중국의 시진핑 정부는 중국의 미래를 도시에서 찾고 있습니다. 시진핑은 임기 내에 수십 개의 도시를 만들어서 상당수의 농촌인구를 도시로 이주시키고 이들에게 일자리를 제공하려는 계획을 갖고 있습니다. 시진핑이 건설하려는 도시는 유럽과 미국의 기존 도시와는 전혀 다른 도시입니다.

시진핑의 도시건설 원칙 제1조는 '직업을 제공하는 도시'입니다.

시진핑이 도시에서 국민들에게 제공하려는 직업은 미국와 유럽에는 없는 직업입니다. 즉 첨단화된 도시를 만들겠다는 것입니다. 그리고 그 첨단산업을 미국과 유럽보다 먼저 발전시켜 세계의 미래 산업을 선도하겠다는 커다란 그림입니다. 이 도시화 계획이 실패하면 아마도 중국의 공산당은 그 존립이 위험할 수도 있습니다. 그래서 많은 세계의 경제학자와 도시학자들이 시진핑이 만들어갈 도시에 대하여 관심을 갖고 있습니다.

우리는 시진핑이 생각하는 것과 같은 즉 일자리를 창출하는 도시를 만들 수는 없나요? 지금으로서는 불가능합니다. 투기적 부동산 수요자를 죄인 취급하는 사회적 분위기 속에서는 일자리를 창출하는 도시의 건설은 꿈도 꿀 수 없습니다. 하지만 우리가 마음만 달리 먹으면 대박사업을 찾을 수 있습니다. 우리 주변에는 투기적 부동산 수요자가 너무나 많기 때문입니다.

어떻게 하면 일자리를 만들어내는 도시를 만들 수 있을까요? 기존 도시의 재개발이 답입니다. 도시를 재개발하는 과정에서, 또 도시가 재개발 된 이후에도 꾸준히 일자리를 만드는 방법은 의외로 간단합니다. 기존의 건축자재와 기존의 건축공법을 가능한 사용하지 않는 것입니다. 물론 기존의 에너지원도 사용을 줄이는 것입니다.

예를 들면, 정부는 재개발 시행자(해당구역 내의 토지와 건물 수요자)에게 무제한의 용적률을 허용합니다. 대신 신 건축공법을 도입할 것, 환경친화적인 새로운 건축자재를 사용할 것, 에너지 소비가 아닌 에너지를 생산하는 건물을 만들 것, 먹거리의 상당 부분을 자급할 수 있는 유리온실과 같은 도심농장 건물을 만들 것, 지역 주민이 문화생활을 할 수 있는 신개념의 공연장소를 건립할 것, 유아와 고령자에게 획기적인 생활공간을 제공할 것 등의 조건을 재개발 시행자에게 제시하는 것입니다. 물론 이런 조건들을 재개발 사업 시행자 스스로가 개발하여 허가당국에 제시하고 당국으로부터 유리한 용적률과 도로 등 기반시설 설치에 관한 인센티브를 받을 수 있도록 해야 합니다.

제가 도시에 미래가 있다는 표현을 사용하는 것은 발상을 전환하면 도시에 공장을, 농장을, 양어장을, 발전소를, 골프장을 만들 수 있기 때문입니다. 정부의 규제만 없으면 재개발 사업 시행자들은 얼마든지 창의력을 발휘할 수 있습니다.

재개발 사업 시행 시에 신공법과 새로운 건축자재의 사용을 강조하는 이유는 기존의 공법과 기존의 건축자재로는 새로운 직업을 창출하는 데 한계가 있기 때문입니다. 또 신공법과 새로운 건축자재를 사용하면 이 분야에서 우리나라가 세계를 앞서나갈 수 있습니다. 중국의 시진핑이 만들려는 도시가 바로 이런 도시입니다.

2008년 미국에서 서브프라임 모기지 사태가 발생한 이유는 집을 만들기에만 급급했지 일자리를 창출해낼 재개발을 추진하지 않았기 때문입니다. 만약 미국이 오늘날 시진핑이 계획하고 있는 것과 유사한 도시 정책을 폈다면 세계의 경제 환경은 달라졌을 것입니다.

　도심에서 재개발 사업을 시행하면서 기존의 토지와 건물소유주들에게 막대한 이익을 남겨주는 것이 도덕적으로 올바른가에 대한 대답은 다음과 같습니다. "도심에서 재개발 사업을 통해 직업을 창출하는 것은 매우 도덕적이며 애국적입니다." 우리 사회는 이런 애국적인 투기적 부동산 투자자들에게 힘찬 박수를 보내야 합니다. '망치를 들고 있는 사람은 무엇인가 튀어나온 모든 것을 두들기려 한다'는 속담이 있습니다. 투기적 부동산 투자자를 색출하여 처벌해야 한다는 믿음을 가지고 있는 정부의 부동산 관련 공무원이 있는 한, 또 튀어나온 못을 빨리 때려 박으라고 재촉하는 언론이 있는 한 새로운 직업의 창출은 어렵습니다. 우리의 미래는 도시에 있습니다. 그리고 그 미래의 도시를 만드는 데 기꺼이 참여해줄 많은 투기적 부동산 수요자가 있습니다. 그래서 대한민국은 희망이 있는 나라입니다. 단 한 가지, 우리의 의식만 바꾸면 됩니다. 투기적 부동산 투자자를 잘 받들어 모시겠다는 자세로 우리의 의식을 전환하는 것입니다.

　이 부분의 글을 마치기 전에 서부개척시대 미국의 부동산 정책을 소개해드립니다. 미국은 철도회사와 대학에 엄청난 특혜를 주었습니다. 철도회사가 철도를 건설하면, 역주변의 어마어마한 면적의 땅을 무료로 주었습니다. 때문에 많은 미국의 투기적 부동산 투자자들이 철도회사의 주식을 샀고, 철도회사는 이 돈으로 미국 전역에 철도망을 구축했습니다.

또 미국은 대학을 설립하면 도시 전체에 해당하는 면적의 땅을 대학에 공짜로 주었습니다. 대학은 대학 주변의 땅을 팔아 부유한 재정으로 학문을 발전시켰습니다. 현재도 미국의 대학 중에는 거의 도시 전체 면적을 소유하다시피 한 대학들이 있습니다. 이것이 미국 부동산의 힘입니다. 아니 정확하게 말씀드리면 미국의 투기적 부동산 투자자들의 공로입니다.

한국의 투기적 부동산 투자자들을 파렴치범으로 만들 것인가 애국적인 시민으로 받들어 모실 것인가는 우리 모두의 결정에 달려 있습니다. 의식을 바꾸면 됩니다.

응급환자에게는 골든타임이라는 시간이 있습니다. 환자가 숨을 거두기 전에 살려낼 수 있는 의학적 필요 시간입니다. 우리는 경제의 골든타임을 놓쳐서는 안 됩니다. 아직은 투기적 부동산 투자자가 존재합니다. 그러나 경제 사정이 더 악화되면 투기적 부동산 투자자는 사라집니다.

부동산 양도소득세,
매년 조정하면 어떨까요

　정부는 국방, 교육, 복지 등 여러 부분에서 많은 재원을 필요로 합니다. 그리고 그 재원의 대부분을 세금에 의존합니다. 그러나 국민들은 세금 내기를 좋아하지 않습니다. 세금에는 여러 가지 종류가 있습니다.

　논의의 편의상 다음의 표처럼 소득세와 부가가치세 등 발생한 이익에 과세하는 세금을 A그룹이라고 하고 흡연자들에게 부과하거나 도박장에 출입하는 사람들로부터 걷어들이는 담배세, 주세, 마권세 등 죄악세(罪惡稅)를 B그룹으로 분류합니다. 마지막으로 벌금, 과태료,

논의의 편의상 임의로 분류한 세금의 종류와 성격

	세금의 종류	세금의 성격
A그룹	소득세와 부가가치세	이익세(李盆稅)
B그룹	담배세, 주세, 마권세	죄악세(罪惡稅)
C그룹	벌금, 과태료, 과징금, 과료, 몰수, 추징금	징벌적(懲罰的) 과세

과징금, 과료, 몰수, 추징금 등 징벌적(懲罰的) 과세를 C그룹이라고 가정합니다.

세 그룹의 특징을 과세 원인별로 살펴보면 A그룹은 국민들이 많은 활동을 함으로서 발생되는 이익에 대한 세금입니다. 따라서 원인 행위가 적극 장려되는 그룹의 세금입니다. B그룹의 세금은 국가가 국민들에게 가능한 하지 않았으면 좋겠다는 행위에 대한 세금입니다. 실제로 담배를 많이 피거나 과음하면 개인의 건강에 해가 될 뿐만 아니라 국가의 의료보험재정에 많은 부담을 주게 됩니다. C그룹의 세금은 법으로 하지 말아야 할 행위, 즉 감옥에 보내기에는 죄가 가벼운 사람들에게 부과하는 세금입니다.

여기서 여러분께 한 가지 질문을 드립니다. 종합부동산세는 A, B, C 중 어느 그룹에 속한다고 생각하시나요? 분명하게 C그룹은 아닙니다. 그렇다면 A 또는 B그룹입니다. B그룹에 속한다고 생각하시는 분은 종합소득세는 죄악세라고 느끼는 분들입니다. 종합부동산세제가 도입된 초기부터 이 법이 죄악세인지의 여부를 놓고 국론이 양진영으로 분열됐습니다. 조세 전문가의 견해가 어떻든 세금을 내는 사람의 대부분은 죄악세라고 느끼고 있는 것이 사실입니다.

그렇다면 상속세는 어느 그룹에 속하나요? 역시 C그룹은 아닙니다. A 또는 B입니다. 세금을 부과하게 되는 그 원인 행위 즉 '많이 벌었으니까 많이 낸다'는 측면에서 보면 A그룹입니다. 하지만 상속세는 그 원인 행위자와 납세자와 다르다는 데 문제가 발생합니다. 상속세가 없는 나라가 있습니다. 즉 집에 대한 세금을 아버지가 내든 아들이 내든 과세 대상 목적물에는 변함이 없다는 것입니다. 이런 점에서 보면 상속세는 죄악세의 성격이 있습니다. 45대 미국대통령에 당선된 트럼프도 상속세를 폐지하겠다고 했습니다.

우리나라의 경우 상속세가 죄악세임을 강하게 보여주는 증거가 있습니다. 현직 국회의원 중에는 자신이 발의하여 상속세 세율을 높였다고 자랑하는 사람도 있습니다. 또 선거철이 되면 많은 후보들이 상속세율을 높이겠다고 공약합니다. 이들은 상속이라는 행위를 정의롭지 못한 행위로 인식하고 있으며, 정의로운 행동에 반하는 사람들에게 세금을 물려야 한다고 생각하는 사람들입니다.

부동산 양도소득세는 어느 그룹에 속하는 세금일까요? A일까요, 또는 B일까요? 제 견해로는 우리나라의 부동산 양도소득세는 B에 가깝습니다. '양도소득세=투기억제세'의 성격이 강합니다. 즉 행위 자체를 막으려 한다는 것입니다. 부동산 거래 행위 자체를 투기로 보고 그 투기 행위를 막기 위해 만들어진 세금입니다. 따라서 죄악세와 그 맥을 같이합니다.

2016년 현재 주택양도소득세는 1가구 1주택일 경우 보유기간 2년 이상 양도가액 9억 원 이하라면 과세되지 않습니다. 하지만 다주택자나 고가 주택 보유자가 주택 거래를 할 경우 차익에 대하여 최고 38퍼센트의 세금이 부과되고, 경우에 따라서는 10퍼센트의 탄력세가 중과됩니다. 정리해보면, 현재의 양도소득세의 기본 취지는 1가구는 단 1채의 집만을 소유하도록 하고 있습니다. 1가구가 2채 이상의 주택을 소유하는 것을 죄악시한다는 것입니다. 이런 의미에서 주택양도소득세는 죄악세입니다. 그런데 정부는 부동산 경기를 부양하거나 가라앉히려할 때마다 이 죄악세의 세율을 조정해왔습니다.

여기서의 1가구 1주택제가 과연 올바른 제도인지에 대한 성찰이 필요합니다. 정부가 1가구 1주택 제도를 고집하는 이유는 1가구가 1주택을 넘는 주택을 소유할 경우 타인이 집을 소유할 수 있는 기회를 박탈한다고 판단한 것입니다. 하지만 1가구 1주택 제도를 반대하는 사람들은 주택보급률이 100퍼센트를 넘어선 이 시점에서 1가구 1주택 제도가 과연 필요한가에 대해 의문을 제기하고 있습니다. 아래의 그래프는 우리나라의 주택보급률이 2010년에 이미 100퍼센트를 넘어

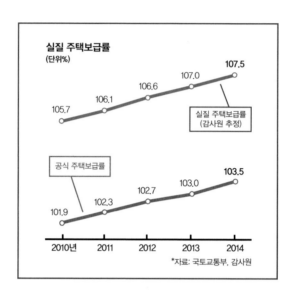

실질 주택보급률
(단위%)

107.5

107.0

106.6

106.1

105.7

실질 주택보급률
(감사원 추정)

공식 주택보급률

103.5

103.0

102.7

102.3

101.9

2010년 2011 2012 2013 2014

*자료: 국토교통부, 감사원

섰음을 보여주고 있습니다.

저는 1가구 1주택 제도를 폐지하자는 입장을 가지고 있습니다. 하지만 여기서는 제 입장에 대한 변론을 하지 않기로 합니다. 아직도 많은 사람들이 1채가 넘는 1가구 다주택 보유는 정의롭지 못한 행위라는 인식을 가지고 있는 것이 사실이기 때문입니다.

주택양도소득세가 정의롭지 못한 행동에 대해 징계 차원의 세금을 매기는 것을 받아들인다 하더라도 그 방법에 대하여는 좀 더 연구가 필요합니다. 다음과 같은 방식의 세금징수를 수식(數式)을 통해 구체적으로 제안합니다.

$$Y = aX$$

Y = 부동산 세금을 통한 국가 세수의 총합

a = 부동산 세율(양도소득세)

X = 단위 구간에 발생한 주택 거래자들의 부동산 양도 차액의 총합

이 수식에서 가장 중요한 것은 'a(부동산 세율)'입니다. 세율이 아주 높으면 거래는 거의 이루어지 않습니다. 세율이 낮으면 국가에 납부하게 되는 세금의 총합이 줄어듭니다. 따라서 정부는 'Y(부동산 세수를 통한 국가 세수의 총합)'를 극대화하기 위해 a(부동산 세율)를 조정해야 할 필요가 있습니다. 여기서 핵심은 정부가 a(부동산 세율)를 어떻게 정하는가 입니다. 가장 현실적인 방법은 매년 a(부동산 세율)를 조정하는 것입니다. 예를 들면 당국이 올해 여름에, 내년도 1월 1일 이후 1년간의 a(부동산 세율)를 국민들에게 미리 발표하는 것입니다. 또 필요에 따라서는 내년과 후년의 각각 다른 a를 올해 여름에 발표합니다. 만약 후년의 a가 내년의 a보다 수치가 크다(세율이 높다)면 국민들은 보유하고 있는 주택을 후년이 아닌 내년에 서둘러서 매도하려 할 것입니다

이와 같은 세금 제도의 장점은 정부가 굳이 1가구 1주택 제도를 고집해야 할 필요가 없다는 것입니다. 정부의 목표는 Y(부동산 세수를 통한 국가 세수의 총합)를 극대화하는 데 있기 때문입니다. 즉 정부가 부동

산 세금을 통해 많은 재정을 확보할 수 있으며 이렇게 조달된 자금은 국가가 필요로 하는 재정 수요에 충당될 수 있습니다.

이 세금 제도는 "부자만을 위한 부동산 정책"이라는 정치적인 비난으로부터 자유로울 수 있습니다. 1가구 다주택자가 집을 팔아서 이익을 챙긴다 하더라도 국가의 세수 확대를 위해 1가구 1주택자보다 더 기여하기 때문입니다. 현재 우리나라는 재정 소요는 많은데 정부 재정은 부족합니다. 부동산 세제 개편을 통해 재정을 확보하는 것이 합리적입니다.

정부는 부동산 거래를 통해 많은 세수를 확보하는 것에 목표를 두어야 합니다. 그러기 위해서는 해마다 세율(양도소득세)을 조정함으로써 많은 사람들이 거래에 참여하도록 하고 그 거래를 통해 세수 총합의 극대화를 이룩해야 합니다.

고용안정을 위한
두 가지 제안

세간에 이런 말이 있습니다. "바꿔봐야 별 볼 일 없지만 바꿀 수 있다는 희망이 있다는 것이 자유민주주의 선거의 장점이다." 또 이런 표현도 있습니다. "최고의 복지는 일자리 제공이다."

정부의 고위 관료와 정치인은 기회가 있을 때마다 '고용안정', '일자리 창출' 등과 관련한 정책을 발표합니다. 어떤 정치인은 "제가 당선되면 임기 내에 ○○개의 일자리를 만들겠습니다" 하고 구체적인 숫자를 말하기도 합니다. 그러나 이것에 기대를 거는 사람은 많지 않을 것입니다. 그 이유는 현재의 상황에서 고용안정과 일자리 창출에 대한 뾰족한 대안이 없다는 것을 우리 모두 잘 알고 있기 때문입니다.

저는 이와 관련하여 두 가지를 제안합니다. 첫째는, 고용안정 지수의 개발이며 둘째는, 국가 전략 프로젝트의 일반인 참여입니다.

근로의 안정성을 위한 '고용안정 지수'의 개발과 활용

프랑스 파리의 시내버스를 보면 저 버스가 파리 시내를 동서를 가로지르는 센강을 남북으로 건너가는 버스인지 아닌지를 알 수 있습니다. 가운데 '0' 숫자가 들어가 버스는 센강을 건너는 버스입니다. 예를 들면, 104번 버스는 1번 지역(센강 북쪽의 서편)을 출발하여 센강을 건너 4번 지역(센강 남쪽의 동쪽지역)으로 이동하는 노선버스입니다. 저는 1991년 파리 특파원 시절에 《파리 특파원의 교통정책 르포》라는 책을 출판한 일이 있습니다. 이 책에서 프랑스 파리의 버스 번호 시스템을 소개했습니다. 그리고 한강에 '0'번을 부여하여 한강을 건너는 버스는 가운데에 숫자 '0'을 넣자고 제안한 일이 있었습니다.

이명박 전 대통령이 서울시장 시절에 서울 시내의 버스 번호 체계를 바꾸었습니다. 하지만 한강에 '0'번을 부여하자는 제 제안은 받아들여지지 않았습니다. 만약 서울시가 다시 버스 번호 체계를 수정한다면 한강에 '0'번을 부여하고 한강을 넘나드는 노선 버스 번호의 가운데에 '0'이라는 숫자를 넣을 것을 다시 한 번 제안합니다.

10층 아파트 엘리베이터 안에서 누군가 5층 버튼을 누르면 그 사람은 아파트의 중간층에 사는 사람이라는 것을 알 수 있습니다. 만약 어떤 기업이 얼마나 근로자의 고용을 위해 힘쓰는 기업인지를 알 수 있는 수치화돼 있는 지표가 있으면 어떨까요? 여기서 저는 '고용 창출'과 '고용안정'과 같이 추상적인 단어를 객관화, 계량화를 하는 제안을 드려봅니다.

아래와 같은 간단한 수식으로 설명해보겠습니다.

X = (기업의 자본금 규모에 따른 종업원 고용 수)

Y = (총 종업원 중 정규직의 비율)

Z = (고용안정 지수)라고 할 때

Z = aX + bY

(여기서 a = 고용종업원 숫자에 대한 가중치, b = 정규직 비율에 대한 가중치)

이렇게 해서 개발된 '고용안정 지수'는 정부와 공공기관이 발주하는 조달물자 입찰과 발주사업 입찰에 참가하는 참가자들을 평가하는 평가항목에 포함돼야 합니다. 예를 들면 지금 현재 LH공사가 분양하는 공공택지는 최고 가격을 제시하는 입찰참가자(건설사)에게 낙찰됩니다. 하지만 정부가 정해놓은 '고용안정 지수'를 충족시키는 입찰자에 한해 입찰 자격을 부여한다면, 입찰에 참가하려는 기업은 평소부터 고용에 신경을 쓸 수밖에 없습니다.

그러나 이런 고용안정 지수의 활용이 강제적이어서는 안 됩니다. 즉 정부가 민간 기업에게 혜택을 줄 때만 사용되어야 합니다. 기업에 따라서는 정부 발주의 공사나 구매 입찰에 참가할 필요가 없는 기업도 있습니다. 그런 기업들에게도 자사의 고용안정 지수의 발표를 강요하거나, 일정 수준 이상의 수치를 유지할 것을 강제하는 것은 바람직하지 않습니다. 오히려 고용을 어렵게 만들 수 있기 때문입니다. 즉 고용안정 지수의 공표와 적용은 공공기관이나 정부로부터 혜택을 받는 기업에 국한돼야 합니다.

국가 전략 프로젝트의 일반인 참여

다음 그림은 박근혜 대통령이 취임 직후 수립하여 발표했고 현재 추진 중인 9대 국가 전략 프로젝트(인공지능, 가상·증강현실, 자율주행차, 경량소재, 스마트시티, 정밀의료, 바이오신약, 탄소자원화, 초미세먼지)입니다. 새로운 정부가 출범할 때마다 이와 비슷한 국가 전략 프로젝트들을 수립하고 발표합니다.

관련업계에 종사하는 사람을 제외하면 과연 일반 국민들은 얼마나 국가 전략 프로젝트에 관심이 있을까요? 하지만 인공지능, 가상증강현실, 자율주행차, 경량소재, 스마트시티, 정밀의료, 바이오신약, 탄소자원화, 초미세먼지 등의 산업이 수년 내에 나와 내 자식의 고용을 보장해준다면 이야기는 달라집니다.

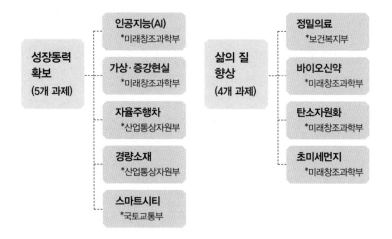

대부분의 사람들은 청사진에 나열된 이런 국가 프로젝트에 관심이 없는 이유는 이런 사업들이 수년 내에 나와 내 자식에게 일자리를 제공해줄 수 있다고 생각하지 않기 때문입니다. 설사 이런 프로젝트들이 정부의 의지대로 성공한다고 해도 그 긍정적인 효과들이 가시화되려면 수년 또는 10여 년을 기다려야 합니다. 대부분의 중견 근로자들은 이런 해택을 볼 수 없습니다. 이미 현직에서 물러나 있거나 물러나기를 강요받는 위치에 서 있을게 뻔합니다. 그 이유는 국가 정책의 효과가 가시화될 시점에 대부분 현재의 근로자들은 해당 분야의 비숙련 노동자들이기 때문입니다. 그래서 정부가 아무리 거창한 계획을 세워서 발표해도 많은 국민들은 자신과 상관없는 것으로 생각하고 있으며 실제로도 그렇습니다.

따라서 정부는 정부가 추진 중인 9대 국가 전략 프로젝트가 현재의 근로자들에게도 전직(轉職) 또는 근로계약의 연장(延長)을 통해 실직적인 도움을 줄 수 있다는 확신을 심어주어야 하고, 또 반드시 그렇게 돼야 합니다.

그런 방법 중 효과적인 것은 국가의 예산으로 미래 프로젝트에 관심이 있는 국민들에게 전문적이고 수준 높은 교육의 기회를 제공해 주는 것입니다. 예를 든다면, 최고 수준의 인공지능을 연구하는 대학, 연구기관 또는 기업으로 하여금 향후 전직 또는 고용연장을 원하는 일반인들을 대상으로 무료의 수준 높은 전문적인 교육(야간, 주말 등)을 실시하게 하는 것입니다. 물론 비용은 국가가 지불해주어야 합니다. 교육을 받은 사람들은 실직의 위험이 현저하게 줄어들 것입니다.

지금 현재도 정부는 퇴직자들을 위한 교육을 일부 실시하고 있습니다. 하지만 요리, 목공 등 단순한 기능을 습득하게 하는 차원에 머무르고 있습니다. 이것을 진정한 의미의 전업(轉業)대책이라고는 볼 수 없습니다. 실효성이 있는 전업대책은 근로자가 현직에 있을 때 이루어져야 하며, 현재의 직업보다 더 발전적인 분야라야 합니다.

미국에서도 논란이 되는 것 중 하나가 고용률 통계입니다. 미국정부는 편의점의 파트타임 근로자도 고용률에 포함시켜 계산합니다. 하지만 미국인들 스스로는 편의점에서 파트타임으로 일하는 것을 직업이라고 생각하지 않고 있습니다. 가장 좋은 정부의 전업대책은 근로자들이 현재의 근로 조건과 비슷한 만족도를 느낄 수 있는 분야를 개발하고, 현직에 있을 때 해당 분야의 신기술을 습득할 수 있도록 돕는 것입니다.

아이를 낳은 부모에게
1억 원을 준다면

겸손한 제안 [문화 · 복지 · 교육] 편

아이를 낳으면 출산 장려금
1억 원을 지급합시다

현금 1억 원의 출산 장려금을 산모에게 지급한다. 이를 위해 정부는 향후 10년 동안 매년 120조 원의 무이자 영구채를 발행하고 한국은행이 이를 인수한다.

국회에서 위와 같은 법안을 통과시키면 어떤 일이 벌어질까요? 이는 매우 중요한 문제임으로 조목조목 따져 보아야 할 필요가 있습니다.

이 법안에 반대하는 사람들이 상당히 있을 겁니다. 아마도 국회가 미쳤다고 비난할지도 모릅니다. 2016년 10월, 박근혜 대통령이 국회에서 "내년도 예산이 400조 원을 넘어설 것"이라고 밝힌 바 있습니다. 따라서 한 해 예산의 33퍼센트가 넘는 국채를 발행하면 그 빚을 어떻게 감당할지 걱정이 앞설 것입니다. 그렇다면 과연 국회가 미쳤을까요?

여기서 폴 크루그먼[*]이라는 경제학자를 소개합니다. 그는 서브프라임 모기지 사태가 터진 2008년 말, 노벨경제학상을 수상한 사람입니다. 그는 강연 때마다 다음과 같은 요지의 말을 하고 있습니다. 워싱턴의 관리들 앞에서 강연한 내용의 일부를 소개합니다.

지금부터 내 말이 기분 나쁘게 들리더라도 이해해라. 당신들은 머리가 나쁘다. 워싱턴 정부 부처에 근무하는 여러분의 대부분은 좋은 대학을 나왔고, 변호사 시험에 합격한 사람도 많다. 하지만 여러분들은 확실히 머리가 나쁘다.

지금부터 내가 하는 말을 잘 들어라. 아주 쉬운 말로 현재의 경제 위기에서 탈출하는 방법을 설명하겠다. 그런데 내가 쉬운 용어를 사용한다고 해서 나를 깔보지 마라. 만약 내가 어려운 단어를 섞어서 말하면 당신들 중에 내 말을 알아들을 수 있는 사람은 한 사람도 없다. 거듭 이야기하는데 나를 깔보지 마라. 나는 노벨경제학상 수상자다. 노벨경제학상 수상자가 쉬운 말로 현재의 경제 위기를 탈출하는 방법을 설명한다. 그 이유는 현재의 경제 위기를 벗어나는 데 굳이 복잡한 용어를 사용할 필요가 없기 때문이다.

사람들은 특히 도덕성을 강조하거나 당신들처럼 고상한 척하는 사람들은 "공짜점심은 없다"고 이야기한다. 미안하지만 공짜점심은 있다. 공짜점심은 없다고 이야기하는 당신들은 틀렸다.

나는 워싱턴에 근무하는 고급 관료들의 모임인 베이비시터 클럽에 초청을 받은 일이 있었다. 베이비시터 클럽의 회원들은 두 부부가 모두 저녁에 외출을 할 때 자신의 아이를 다른 회원에게 맡긴다. 회원들 모두는 연초에 5장의 쿠폰을 나누어 갖는다. 자신의 아이를 남에게 맡길 때마다 쿠폰 한 장씩을 제공한다. 반대로 자신이 남의 아이를 맡아줄 때마다 카드 한 장씩을 받게 된다. 처음에는 이 베이비시터 클럽이 잘 돌아갔다. 그런데 어느 때 부터인가 아이를 남에게 맡기거나 맡아주는 횟수가 줄어들었다. 그 이유는 거의 모든 회원들이 만약의 급한 일(예를 들면 멀리 떨어진 부모님이 위독하여 며칠씩 집을 비울 경우)에 대비하여 쿠폰을 비축하려 하기 때문이었다. 그래서 내가 베이비시터 클럽 회원들에게 쿠폰을 5장에서 10장으로 늘리라고 조언해주었다. 그랬더니 클럽이 잘 돌아갔다. 학교 동창회가 주최하는 저녁파티에 참가하기 위해 다른 회원에게 자신의 아이를 맡기는 일이 잦아졌다. 약 1년 후에 베이비시터 클럽에 또 문제가 생겼다. 여름에 1~2주씩 유럽으로 휴가를 가려고 계획하는 사람들이 쿠폰을 모으기 시작한 것이다. 즉 적극적으로 다른 회원의 아이를 맡아주려고만 하지 자신의 아이를 남에게 맡기려 하지 않았기 때문이다. 그래서 이번에는 쿠폰을 30장씩 발행하라고 조언을 해주었다. 연초에 30장씩의 쿠폰을 손에 쥔 베이비시터 클럽의 회원들은 이제 여름에 20~30일씩 장기휴가를 가는 일도 흔해졌다.

자, 머리가 나쁜 여러분에게 묻겠다. 혹시 '유동성의 함정'이라는 단어를 들어본 일이 있는가? 베이비시터 클럽이 잘 돌아가지 않아 쿠폰을 5장에서 10장으로 늘렸을 때 회원들은 만약을 대비해서 쿠폰을 사용하지 않고 비축하려 했다. 이것이 유동성의 함정이다. 지금의 경제 위기 상황에서 돈을 조금 풀면 개인이나 기업 모두 저축을 해버린다. 위기에 대비하기 위해서다. 그러면 유동성의 함정에서 벗어나는 길은 없는가? 물론 있다. 조금 전 베이비시터 클럽의 경우를 말하지 않았는가. 돈을 더 풀어라.

여기서 여러분들은 나에게 이렇게 질문할 것이다. "돈을 마구 풀면 인플레이션이 발생할 텐데?" 맞다. 사정없이 돈을 풀어대면 인플레이션이 온다는 것을 모든 국민이 알고 있다. 내 말은 유동성의 함정에서 벗어나는 유일한 길은 국가가 적극적으로 인플레이션을 일으키라는 것이다. 정부가 돈을 풀기 시작하면 사람들은 그 돈을 사용하려 하지 않고 더 큰 위기에 대비하여 비축한다. 이때 정부가 더 많은 돈을 계속적으로 발행하면 인플레이션이 올 수 있다. 바로 이것이 핵심이다. 국민들을 협박하라는 것이다.

"지금 돈을 사용해라! 만약 당신들이 돈을 쓰지 않고 저축하면 정부에서 돈을 더 많이 풀어서 인플레이션을 일으키겠다. 그러면 당신이 저축한 돈은 휴지 조각이 되어버린다. 정부는 얼마든지 돈을 더 찍어낼 수 있다. 지금 돈을 써라. 집도 사고, 냉장고도 사고, 공장도 지어라. 정부를 우습게 보지 마라. 정부는 인플레이션을 일으킬 것이다. 자! 지금부터 돈을 더 찍는다. 각오해라! 분명히 말하지만 지금 돈을 쓰지 않으면 나중에 후회한다."

여기서 여러분들은 또 나에게 질문할 것이다. "돈을 풀어서 경제 위기를 넘길 수 있다는 것은 공짜로 점심을 먹는 것과 같지 않은가?" 이에 대한 내 대답은 "그렇다"이다. 나는 처음부터 "공짜점심은 있다"고 말한 사람이다. 많은 사람들이 미국은 그동안 흥청망청 돈을 써왔기 때문에 지금의 경제 위기를 맞았다. 따라서 지금부터는 허리띠를 졸라매고 열심히 일해서 건전한 재정을 이룩해야만 경제가 회복된다고 말한다.

당신들처럼 머리가 나쁜 워싱턴의 관료들에게 한 가지 물어보겠다. 교통사고로 머리에서 피를 철철 흘리는 사람에게 다가가서 "지금부터 열심히 운동해서 기초체력을 다지면 건강을 회복할 수 있다"고 말하는 것이 올바른 처방인가? 지금 미국을 비롯한 세계 각국은 긴축으로 재정을 건강하게 만든 뒤에 경제를 회복시킬 만큼 한가하지 않다. 교통사고 환자를 살리는 길은 대규모의 수혈을 하는 것이다. 일단 피를 아끼지 말고 부상자의 혈관에 투입해야 한다. 마찬가지로 각국 정부는 경제가 원활하게 돌아갈 때까지 아낌없이 돈을 풀어야 한다. 당신들에게 부탁한다. 도덕 선생님인 척하지 마라. 돈을 아낌없이 풀어라!

여러분은 위에서 소개한 폴 크루그먼 교수의 견해에 동의하시는지요? 아마 쉽지 않으실 겁니다. 특히 우리나라에는 '공짜점심은 없다'고 믿는 사람들이 많이 있습니다. 그런데 폴 크루그먼 교수의 충고를 아주 충실하게 이행하는 사람이 바로 옆에 있습니다. 누구일까요? 바로 일본의 아베 총리입니다.

우리나라 국민들은 위안부 문제에 대한 일본 정부 책임을 인정하지 않는 비도덕적인 일본의 아베 총리를 별로 좋아하지 않습니다. 하지만 일본에서는 다릅니다. 사람마다 평가는 다르지만, 아베 총리의 무제한 엔화 공급이 일본 경제를 회생시키고 있다는 긍정적인 평가도 존재합니다. 2016년 10월 15일 조선일보와의 대담에서 폴 크루그먼 교수는 이런 아베 총리에게 더 많은 주문을 하고 있습니다.

- 일본 정부는 앞으로 2~3년간 재정 수지를 걱정하지 말고 재정 지출을 해야 한다. 일본은 그리스 같은 채무 위기가 일어나지 않는다.
- 일본은 아직 디플레이션 환경에서 벗어나지 못했기 때문에 소비세 추가 인상에 신중해야 한다.
- 일본이 그동안 재정을 풀어서 아무도 이용하지 않는 교량을 만드는 등 일부 효용성이 떨어지는 사업을 한 것은 사실이다. 그러나 수요를 늘려서 일자리를 늘리는 데 도움이 됐다. 따라서 개개인의 고통이 광범위하게 확산되는 것을 피했다. 전체적으로 보면 성공적인 정책이었다. 오히려 일본 재정 정책은 디플레이션에서 탈출할 수 있을 만큼 충분한 규모로 시행하지 않아서 실패한 것이다. 더 과감하게 재정 정책을 시행했어야 했다.

폴 크루그먼 교수의 견해에 반대하는 학자들도 많이 있습니다. 대표적인 사건이 있었습니다. 2009년 매일경제신문 주최로 서울에서 열린 세계지식포럼에 폴 크루그먼 교수와 영국의 역사경제학자 니얼 퍼거슨**을 초청하여 경제 위기에 대한 토론을 벌였습니다. 이때 폴 크루그먼 교수보다 10살이나 나이가 어린 영국 출신의 니얼 퍼거슨 교수가 폴 크루그먼에게 다음과 같이 말했습니다.

"노벨경제학상 수상자를 비난하는 것은 위험한 일이지만 폴 크루그먼 교수! 당신 같은 사람은 공부를 좀 더해야 한다. 역사적으로 볼 때 경제 위기 시에 돈을 풀어서 성공한 나라는 하나도 없었다."

이 토론회는 생중계되고 있었고, 토론회가 끝나고 두 사람은 복도에서 서로 멱살을 잡을 뻔했습니다. 지금도 세계의 경제학계에는 경제 위기 시에 정부가 돈을 풀어야 하는지에 대한 끊임없는 논란이 있습니다.

이 부분에 관해서 한 가지 더 추가해서 말씀드릴 것이 있습니다. 미국 루즈벨트 대통령에 대한 평가입니다. 많은 사람들은 루즈벨트 대통령이 뉴딜정책을 시행하여 1930년대 미국의 경제대공황을 성공적으로 극복했다고 알고 있습니다. 하지만 반대의 견해도 만만치 않습니다. 루즈벨트 대통령이 빨리 끝날 수 있는 경제대공황을 오히려 더 길게 끌어갔다는 주장입니다.

이 주장을 좀 더 살펴보면, 루즈벨트 대통령은 집권 초기에 과감한 재정 정책을 통해 경제를 회복시켰는데, 재선을 앞두고 많이 풀린 돈이 인플레이션을 일으킬까 두려워 돈 풀기를 주저했고, 이 때문에 경제가 완전히 회복하지 못해 대공황이 길어졌고, 결국에는 제2차 세계대전이 발생하고 나서야 대공황에서 완전히 벗어날 수 있었다는 것입니다.

이 글을 읽고 계신 여러분들은 어떤 견해를 지지하고 계신가요? 경제 위기 시에 돈을 아낌없이 풀어야 하나요? 아니면 국가가 건전한 재정을 유지하면서 서서히 경제를 회복시켜야 하나요? 여기서 전 복지부차관 최광 한국외대 경제학부 교수가 2010년 3월에 발표한 '재정 건전성 본의의 논질'이라는 제목의 글 중 일부를 소개해드립니다.

"현실에 있어서의 보다 근본적인 문제는 재정 적자의 발생과 국가 채무의 누적이 아니고 정부 지출의 내용이 낭비적이고 생산성이 낮은 데 있다. 특히 최근의 국가채무의 급증에서 우려되는 것은 불요불급한 지출을 충당하기 위해 국공채가 발행되는 점이다. 경제 위기 극복, 실업 구제와 일자리 창출, 친 서민 대책 등을 빌미로 국민의 혈세가 낭비되고 있다."

이제 제 견해를 말씀드릴 차례입니다. 저는 기본적으로 정부의 재정 확장 정책에 반대하는 입장을 가지고 있으며 지금도 마찬가지입니다. 하지만 생각이 조금씩 바뀌어가고 있습니다. 생산성이 있다면, 즉 낭비적이지 않다면 정부는 얼마든지 적자 재정을 편성할 수 있고 또 그렇게 해야 한다는 것입니다. 문제는 무엇이 생산적인가 하는 것입니다.

기업은 자본을 투입하면 확실하게 투자금을 회수하고도 많은 수익을 올릴 수 있는 사업이 있다면 차입을 해서라도 투자합니다. 마찬가지로 정부도 재정을 투입해서 나라 경제를 확실하게 살릴 수만 있다면 과감하게 국채를 발행해서라도 그런 사업에 투자해야 합니다. 과연 우리나라에 그런 사업이 있을까요? 저는 있다고 생각합니다. 바로육아 사업입니다.

아이가 태어나면 확실하게 소비가 늘어납니다. 소비가 늘어나면 산업이 발전하고, 산업이 발전하면, 경기가 회복됩니다. 지금 이 시점에서 가장 빠른 시간에 확실하게 소비를 진작시킬 수 있는 것은 국민들이 아이를 많이 낳는 것입니다. 아이를 낳으면 당장 우유, 기저귀, 유모차, 유아복, 유치원이 부족해집니다. 그리고 7~8년 후에는 학교 교실이 모자라고, 20~30년 뒤에는 주택이 부족해집니다.

만약 우리가 세종시를 만들지 않고 그 돈으로 아이를 낳은 부모에게 출산 장려금을 지원했다면 어떨까요? 왜 우리는 당시에 세종시를 만들 결정을 내렸을까요? 2016년 3월, 행정중심복합도시건설청은 "오는 2030년까지 세종시 건설에 투입될 총예산 규모가 약 106조 8000억 원에(민간투자 포함) 이를 것으로 추정된다"고 밝혔습니다. 여러분들은 세종시가 국가 경제에 크게 기여하고 있다고 보시는지요?

아니면 비효율로 인해 앞으로도 계속적인 낭비를 초래할 것으로 보시는지요? 이에 대한 저의 정치적인 입장의 대답은 유보합니다. 다만 경제적인 관점에서 보면 세종시 건설보다 그 돈으로 출산 보조금을 더 지급하는 것이 효과적일 것이라 생각됩니다.

국민들의 출산을 단순히 국민 각각의 개인적인 차원으로 접근하지 말고 국가적 투자의 차원으로 접근했으면 합니다. 아이가 태어난다는 것은 부모에게 많은 희생을 안겨주는 경제적인 부담입니다. 하지만 국가적 차원으로 보면 분명히 투자수익율이 보장된 확실한 투자처입니다. 따라서 출산 보조금을 국가 재정 정책의 일환으로 이해할 필요가 있습니다. 자녀를 출산하는 모든 부모에게 1억 원씩을 출산 장려금으로 지급하여 한 해에 120만 명의 아이가 태어난다면(통계청의 발표에 따르면 2015년 출생아 수는 43만 8700명) 한 해 120조 원이 필요합니다. 정부는 무기한, 무이자 출산 장려 채권을 발행하여 한국은행에 인수시킵니다. 즉 한 해에 120조 원의 돈이 더 풀리는 것이지요.

여기서 세 가지 논점이 발생합니다. 첫째는 왜 개인이 자신의 아이를 낳는데 국가가 돈을 주는가 하는 도덕적인 문제입니다. 둘째는 한 해에 120조 원이 더 풀리면 인플레이션이 유발되지 않겠는가 입니다. 그리고 그 돈을 언제 어떤 방법으로 다 회수하는가에 관한 걱정입니다. 첫 번째 질문에 대한 답은 뒤로 미루고 우선 두 번째 질문에 대한 답을 드립니다. 앞에서 보았던 화폐방정식을 다시 한 번 인용합니다.

$$M \times V = P \times Q$$

화폐량 × 화폐의 유통 속도 = 가격 × 국민의 만족도

앞서 말씀드렸듯이 모든 정부의 목표는 국민들이 낮은 가격으로 높은 만족도를 느끼게 하는 것입니다. 때문에 정부는 침체된 경기를 살리기 위해 M(화폐량)을 더 늘리기로 결정하고 1,200억 원의 예산으로 서해안 어느 섬과 육지를 연결하는 다리를 놓기로 했다고 가정해봅니다. 경부고속도로를 건설할 당시와 같이 우리나라가 경기확장기에 있을 때 실시한 토목공사는 확실하게 우리나라 경제를 발전시켰습니다. 하지만 오늘날 경부고속도로처럼 경기를 부활시키는 데 필요한 토목공사는 찾아보기 어렵습니다. 2000년대 이후 건설된 도로 중에는 낮시간에도 운행 중인 차량을 발견하기가 쉽지 않은 곳도 있습니다. 즉 M(화폐량)을 늘려도 화폐의 V(유통 속도)가 빨라지지 않으면 화폐방정식의 우측 즉 'P×Q'(가격×국민의 만족도)가 커질 수 없습니다. 커진다 하더라도 Q(국민의 만족도)가 커지는 것이 아니라 P(가격)이 커집니다. 즉 인플레이션이 되는 겁니다.

그러나 출산 부모에게 출산 장려금을 지급하는 것은 이와는 다른 차원이 전개됩니다. 출산 장려금은 분명하게 M(통화량)을 증가시킵니

다. 그러나 V(화폐의 유통 속도)도 빨라집니다. 어린 애를 낳으면 육아에 필요한 지출이 당연히 늘어나기 때문입니다. 출산 장려금은 M(화폐량)과 V(유통 속도)의 수치를 동시에 올려줍니다. 당연히 화폐방정식의 우측, 'P×Q'(가격×국민의 만족도)의 값도 따라서 올라갑니다. 이때 Q(국민의 만족도)가 높아지지 않고 P(가격)만 올라가면 인플레이션이 되는 것입니다. 우리의 목표는 인플레이션이 발생하지 않는 상태에서 국민의 만족도를 높이는 것입니다.

그런데 여기서 우리가 알아야 할 것이 있습니다. 전 세계적으로 인플레이션이 일어나지 않는 이유는 물건 값이 점점 싸지기 때문입니다. 대표적으로 에너지 가격이 하락하고 있습니다. 원유 가격이 종전의 1, 2차 오일쇼크 때처럼 갑자기 다시 오르지 않을까 걱정하는 분들이 계십니다. 하지만 지구 온난화로 북극의 얼음이 녹아 새로운 유전들이 너무 많이 발견돼서 걱정입니다. 또 미국을 비롯한 많은 나라의 지하에 엄청난 양의 셰일가스가 묻혀 있습니다. 45대 미국 대통령으로 당선된 트럼프는 "신은 미국에게 충분한 천연자원을 주셨다. 우리는 석유가 많다. 그냥 캐내기만 하면 된다"라고 말하고 있습니다. 즉 미국은 중동으로부터 석유를 수입하지 않겠다는 것입니다. 당연히 중동산 석유의 가격은 내려갑니다.

또 미래학자 제레미 리프킨은 "태양광 발전 기술의 발달로 미래의 에너지 가격은 공짜다"라고 주장합니다. 어떤 분들은 미래의 식량난을 걱정합니다. 즉 수입 농산물의 가격이 올라가는 것을 걱정합니다.

하지만 분명한 사실이 있습니다. 지구의 온난화가 계속되면 농업 생산성은 높아집니다. 지구의 온난화가 반드시 나쁜 것만은 아닙니다. 우리나라처럼 자원이 부족한 국가에는 하늘이 주신 선물입니다.

또 미래에 수입 공산품 가격이 올라가는 것을 걱정하시는 분이 계십니다. 하지만 이것 또한 기우에 불과합니다. 지구상에는 엄청난 유휴 노동력이 있습니다. 미래에 중국의 인건비가 비싸지는 것을 걱정할 수 있습니다. 하지만 중국 노동자들을 대신할 인도, 베트남, 인도네시아, 라오스 등의 노동자들이 줄줄이 대기하고 있습니다. 물론 아프리카의 노동자도 있습니다. 고무와 목재 등 천연자원의 고갈이 염려되기도 합니다. 하지만 공산품은 가능한 자원을 절약하는 쪽으로 공정이 개선돼 가고 있습니다. 이상의 여러 증거들을 볼 때 공산품의 가격은 점점 내려갑니다. 우리가 개방 경제 체제를 유지하는 한 인플레이션 가능성은 매우 낮습니다.

M(화폐량)을 늘리면 또 한 가지 장점이 있습니다. 외국 화폐 대비 우리나라 화폐의 가치가 내려갑니다. 이것은 우리나라의 수출과 직결돼 있습니다. 물론 수출 의존도가 높은 것은 바람직하지는 않습니다. 하지만 수출이 잘되는 것을 억지로 막을 필요는 없습니다.

1930년대 미국에서 경재대공황이 발생했습니다. 미국은 경제 위기를 극복하기 위해 달러화의 가치를 강제로 낮추었습니다. 수입을 억제하고 수출을 늘리기 위해서였습니다. 이때 가장 큰 피해를 본 나라는 어디일까요? 중국입니다. 이 당시 중국의 모든 수출은 중단됐습니다. 결국 중국의 공산화는 빨라졌습니다. 미국의 경제대공황과 중국 대륙의 공산화는 이처럼 밀접한 관계가 있습니다.

외국의 경제학자들은 기회가 있을 때마다 "한국은 수출 비중을 낮추고 내수 시장을 키워야 한다"고 충고합니다. 세계적인 경제학자들의 조언은 절대적으로 올바른 지적입니다. 그런데 공자님 말씀과 유사합니다. 우리는 그동안 수출 위주의 경제 시스템을 유지하고 발전시켜왔습니다. 이 시스템을 바꾸려면 국내 소비가 늘어나야 합니다. 출산율은 줄어들고 고령 인구는 늘어나는 현재의 인구 구조에서 소비를 늘일 방법이 무엇일까요? 답은 인구를 늘이는 것입니다.

인구를 늘이는 방법에는 두 가지가 있습니다. 첫째는, 외국 이민을 받아들이는 것이고 둘째는, 아이를 많이 낳는 것입니다. 우리의 선택은 이제 명료해졌습니다. 이민자를 늘일 것인가? 아이를 낳을 것인가? 그런데 유럽과 미국 등에서 부자가 한국으로 이민을 오지 않는 한 동남아의 이민자가 늘어도 생각만큼 소비가 늘어나지 않을 수 있습니다. 결국 우리의 현명한 선택은 아이를 낳는 것입니다.

그런데 한 해 120조 원이나 되는 국채를 발행해야 한다는 점에 정책 당국은 두려움을 느낄 수 있습니다. 한반도에서 전쟁이 났다고 가정해봅니다. 정부는 120조 원이 아니라 1200조 원의 채권도 서슴없이 발행할 것입니다. 전쟁에서의 패전과 저출산율의 공통점은 나라가 망한다는 것입니다. 양자의 다른 점은 전쟁은 단기간에 결과가 들어나고 후자는 조금 더 시간을 끌다가 나라가 망한다는 것입니다.

그래도 한 해에 120조 원이나 되는 돈을 출산 장려금으로 지급하면 결국 인플레이션이 올 것이라고 걱정하시는 분들에게 말씀드립니다. 만약 인플레이션이 올 것 같은 조짐이 보이면 이번에는 반대로 사망하는 사람의 재산에 평균 1억 원의 상속세(납부자는 피상속인)를 거두어들이면 됩니다.

이제 첫 번째, 질문인 아이를 낳은 부모에게 현금을 지급하는 것이 과연 도덕적인가 하는 문제에 대해 말씀드립니다. 사람들은 '애국'(愛國)이라는 단어는 매우 숭고한 의미를 가지고 있는 것으로 이해하고 있습니다. 실제로 우리나라에는 국가가 위기해 직면했을 때 많은 애국적인 사람들이 출현했었습니다. 일본이 한반도를 강제로 침탈했던 36년 동안에 수많은 독립투사들이 나라를 되찾기 위해 목숨을 아끼지 않고 투쟁했습니다. 우리는 이런 사람들을 '애국자(愛國者)'라고 부르는데 의견의 일치를 봅니다. 그렇다면 현재는 어떤 사람들이 진정한 애국자일까요?

이 질문에 대해 정확하게 답하기 위해서는 오늘날 대한민국이 어떤 위기상황에 처해 있는가를 파악하는 것이 중요합니다. 북한의 핵위협과 국제적인 경제 불황은 우리에게 분명히 위협적인 사안입니다. 그러나 이런 문제들 보다 더욱더 심각한 위기가 닥치고 있습니다. UN은 지구상에서 가장 먼저 소멸할 나라가 '대한민국'임을 분명하게 밝힌 지 이미 오래됐습니다.

UN이 말하는 "국가 소멸"의 위기란 무엇일까요. 구체적으로는 한반도 남쪽에 단 한 명도 살지 않는 상태를 말합니다. 그 이유는 간단합니다. 우리나라 사람들이 전 세계에서 가장 지독하게 애를 낳지 않기 때문입니다. 영국 옥스퍼드대 연구기관인 옥스퍼드 이코노믹스는 "저출산·고령화 영향으로 한국 경제성장률은 향후 15년간 연평균 2퍼센트 초반에 머물 것"이라고 경고한 바 있습니다.

출산 장려금으로 1억 원은 너무 많지 않은가?

지방자치 단체 중에 충남 청양군이 최고 출산 장려금 2000만 원을 내걸었습니다. 셋째 출산에 300만 원, 넷째 1000만 원, 다섯째 2000만 원을 각각 지급한다는 것입니다. 최근 들어 지자체들은 경쟁적으로 출산 장려금을 신설하거나 확대하고 있습니다. 충북 괴산군은 셋째 출산에 1000만 원을, 전남 완도군은 일곱째 출산에 1400만 원을 준다고 합니다. 이렇게 되면 아이를 낳을 때 주민등록 주소지를 옮기는 원정 출산이 늘어납니다. 정부는 2006년부터 2016년까지 150조 원의 예산을 투입했지만 출산율은 높아지지 않았습니다.

60년대까지만 하더라고 시골 각 가정의 마당에는 지하수를 뽑아 올리는 펌프가 많이 눈에 띄었습니다. 펌프를 작동하려면 먼저 물을 부어야 합니다. 이것을 마중물이라고 합니다. 그런데 마중물을 충분히 펌프에 붓지 않으면 '마중물'만 허비하고 지하수는 나오지 않습니다. 출산 대책으로 정부가 10년에 150조 예산을 사용했으니까 출산율을 높이기 위해 1년에 15조 원을 마중물로 사용한 것입니다. 이와 같은 일을 일컬어 '찔끔 찔끔'이라는 표현을 사용합니다. 만약 정부가 10년에 150조 원을 풀지 않고, 2006년 한 해에 150조 원을 출산 장려금으로 지급했다면 어떤 결과가 왔을까요?

여기서 몽골의 예를 들어보겠습니다. 몽골 정부는 2015년 12월, '300만 번째 아이'를 출산하면 즉시 당국에 신고하도록 의무화했습니다. '300만 번째 아이'를 낳은 산모에게는 특별법에 따라 7000만 투그릭(약 3920만 원)의 상금이나 이에 해당하는 아파트 한 채가 주어집니다. 몽골 1인당 국내총생산(GDP)인 4000달러(약 434만 원)의 9배에 달하는 엄청난 금액입니다. 몽골 정부는 수도 울란바토르에서 태어날 300만 번째 아이뿐만이 아니라 수도 9개 구와 전국 21개 주에서 비슷한 시각에 태어난 아이들에게도 각각 상금을 주기로 했습니다. 몽고 정부는 1940년대부터 강력한 출산 정책을 실시하여 출산 부부에게 많은 현금을 지급했습니다. 그 결과 몽골 인구는 62년 100만 명을 넘어섰고, 26년 뒤인 88년엔 200만을 넘어섰습니다. 최근 몽골 여성의 합계 출산율은 2.22명으로 한국의 두 배에 가깝습니다.

여기서 우리는 중요한 결론에 도달할 수 있다. 인간은 '돈'이라는 인센티브에 민감하게 반응한다는 사실입니다. 즉 출산율을 높이는 가장 확실한 방법은 국가가 출산 부모에게 현금을 충분히 많이 주는 것입니다.

그럼에도 불구하고 '1억 원이 너무 많지 않은가'라고 생각하시는 분에게 말씀드립니다. 출산 장려금을 5천만 원 정도로 하면 저소득층에서만 아이를 낳을 가능성이 있습니다. 이것은 또 다른 사회적 문제를 일으킬 수 있습니다.

세계적인 인구학자의 충고

세계적인 인구학자 해리 덴트***의 말을 들려드리겠습니다. '인구'야 말로 인간이 미래를 내다볼 수 있는 가장 확실한 지표라고 말하는 그는 2015년 서울에서 열린 세계지식포럼 '인구 절벽, 글로벌 경제 대침체 도화선 될까' 세션에서 다음과 같이 주장했습니다.

"중국 경제가 급성장할 수 있었던 요인 중 하나는 25년간 농촌 인구 5억여 명이 도심으로 이주했기 때문이다."

"독일도 저출산 탓에 경제 위기 상황에 처한 그리스보다도 인구 구조가 더 최악이라 7~8년 이내 독일의 경제 상황이 악화될 가능성이 높다."

"일본의 소비 지출이 1996년 정점에 이른 뒤 부동산 가격이 60퍼센트나 떨어진 채 여전히 회복이 안 된 이유도 인구 절벽 효과 때문이다. 일본은 이민자를 위한 정책, 출산 장려 정책이 전무한 데다 출산율도 낮아 인구 구조학적 측면에서 볼 때 미래가 불투명하다. 일본은 죽어가는 나라다."

"한국의 경우 경제 성장과 소비 지출의 핵심 축이었던 베이비붐 세대가 은퇴하면서 이들이 일으켰던 소비가 2018년 정점을 찍고 장기적인 하락 국면으로 돌입할 것이다. 그런데다가 한국은 출생률도 낮아 베이비붐 인구가 빠져나가면서 발생한 소비 지출 공백을 메워 경제 성장을 일으킬 인구가 없다. 한국에서는 2018년에 인구 절벽이 시작될 것이지만, 그래도 아직 준비할 시간이 남아 있다. 다행인 점은 한국은 모르고 있다가 당하는 선진국과 다르다. 단언컨대 한국은 여성이 아이를 많이 낳을 수 있는 나라로 만드는 준비를 지금부터 해야 한다."

출산율 저하는 막을 수 없다는 반론들

미국 저널리스트 앨런 와이즈먼은 2013년 저출산 문제를 다룬 책 《인구 쇼크》에서 다음과 같이 주장했습니다.

"오르지 않는 출산율보다 더 큰 문제는 무용지물인 출산 정책에 막대한 돈을 쏟아붓는 것이다. 한국 · 이탈리아 · 독일 · 이란 등 여러 나라가 출산 장려금과 수당을 주고 보육을 지원했다. 하지만 출산율을 끌어올리는 데 실패했다. 정부는 근시안적 사고에 매몰됐고, 조언하는 학자들도 큰 그림을 놓치고 있다. 출산율이 오를 수 있다는 기대를 버려야 한다. 출산율 저하의 핵심은 사회구조 변화다. 농업시대에 자녀는 노동력이자 자산이었다. 소득을 창출하기 때문에 많을수록 좋았다. 노후 대비도 가족에 의존해야 했으니 대가족이 유리했다. 하지만 성숙한 도시 사회에서 자녀는 생산 도구가 아니라 소비 대상이다. 교육 의무 확대로 비용은 많고 되돌아오는 것은 적다. 자녀를 적게 낳고 싶은 것은 사람의 본능이자 이성적 판단이다. 변화하는 인구 구조에 적응하는 사회를 만들어야 한다. 과거엔 피라미드 모양 인구 구조가 이상적이었다. 넓은 밑변의 젊은 인구가 경제 활동을 통해 소수의 고령자를 부양하는 구조다. 지금은 역피라미드 모양을 우려한다. 미래에는 모든 연령대 인구 수가 비슷한 직사각형 모양이 될 것이라고 본다."

일본 경제학자인 마쓰타니 아키히코 정책연구대학원 대학 교수는 2005년에 쓴 《고령화 저출산 시대의 경제 공식》에서 "인구가 감소해 국가의 GDP가 감소하더라도 1인당 국민 소득은 줄어들지 않는다"고 예측했습니다. 또 일할 사람이 줄어들수록 노동력은 귀해지므로 기업은 임금을 올리고 근무 시간을 단축하는 등 복지 문제에 더 신경을 쓰게 될 것으로 전망했습니다. 연금 문제 역시 인구 감소에 따라 줄어드는 교육 · 복지 · 인프라 등 기반 시설 예산을 돌려 쓰면 극복할 수 있다고 말했습니다.

P.S. 원고를 출판사로 넘긴 직후 아래와 같은 외신 기사가 들어왔습니다. 기사의 출처는 일본 니혼게이자이 신문이며, 2016년 11월 21일자 조선일보가 이를 인용했습니다.

부러워라… 일본 대졸 예정자 취업 내정률 71퍼센트

경기회복 덕에 19년 만에 최고… 구직자 100명당 일자리 138개

일본 대학 졸업 예정자 10명 중 7명이 이미 지난달 초까지 취직을 확정

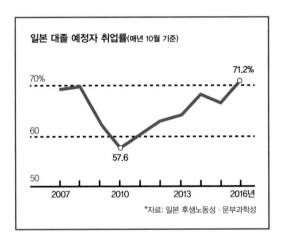

일본 대졸 예정자 취업률(매년 10월 기준)

71.2%

70%

60

57.6

50

2007   2010   2013   2016년

*자료: 일본 후생노동성·문부과학성

한 것으로 조사됐다고 요미우리 신문이 19일 보도했다. 일본 후생노동성과 문부과학성이 내년 3월 졸업하는 대학생 중 취업 희망자들의 '취업 내정(內定) 비율'을 조사한 결과 지난 10월 1일 기준 71.2퍼센트에 이르렀다는 것이다. 이는 지난해 같은 기간에 비해 4.7퍼센트 높은 수치다.(중략) 이처럼 취업 내정률이 높아진 것은 일본 경기가 회복세를 띠

면서 기업 채용은 늘었지만, 구직자는 줄었기 때문으로 분석된다.(중략) 후생성이 발표한 9월 유효구인배율(구직자 한 명당 일자리 수)은 1.38배로 1991년 8월 이후 최고치다. 유효구인배율 1.38배는 구직 희망자 100명 당 138개 일자리가 있다는 뜻이다.(하략)

이 기사는 아베의 무제한 돈풀기 정책이 많은 논란에도 불구하고 적어도 청년들의 취업율을 높이는 데 만큼은 성공했다는 것을 의미합니다. 그리고 이것은 앞서 폴 크루그먼 교수가 말한 "공짜점심은 있다"가 맞는 말일 수도 있다는 것을 암시합니다.

겸손한 제안에 힘을 보태준 경제학자들

* 폴 크루그먼

폴 크루그먼은 2008년 노벨경제학상 수상자이자 뉴욕 대학교 교수입니다. 1982~1983년 백악관 경제자문위원회 위원으로 레이건 행정부에서 일했습니다. 2000년부터 〈뉴욕타임스〉 칼럼리스트로 활동하고 있습니다. "세상은 지금 지옥으로 가고 있다"는 등의 발언을 자주하는 독설가로 유명합니다. 또 "부시대통령이 버블을 키우고 있다"며 부시 행정부를 신랄하게 비판해 '부시 저격수'란 별명을 갖고 있습니다. 지금까지 그는 여러 차례 예언을 했습니다. 그리고 그 예언은 적중했습니다. 1994년 〈아시아 기적의 신화〉라는 논문을 통해 아시아 경제 발전의 기형성을 짚으며 한계가 올 것을 경고했는데, 1997년 실제로 혹독한 경제 위기가 한국을 비롯한 아시아에 찾아들었습니다. 2005년에 또 한 가지 예언을 했습니다. "부동산 거품 붕괴로 2006년에서 2010년 사이에 위기가 올 수 있다" 말했습니다. 이것 역시 그대로 적중했습니다. 여기서 우리는 그의 세 번째 예언에 주목해야 합니다. 그는 최근 "서브프라임 모기지 파산 사태 이후 경기를 살리기 위해 돈을 풀었다가 인플레이션이 겁이 나서 돈 풀기를 중단한 나라부터 또 다시 어려움을 겪게 될 것이다. 그 첫 번째가 이미 돈줄을 죄고 있는 유럽연합이며, 두 번째가 금리를 인상하려는 미국이다. 미국의 금리 인상은 커다란 실수다."

《불황의 경제학》은 폴 크루그먼 교수가 2008년 서브프라이 모기지 사태 직후 자신이 1999년에 출판했던 책을 다시 개정해서 만든 책입니다. "지금 세계가 필요로 하는 것은 구조 작전"이라고 말하는 이 책은 현재 처한 경제 문제의 해결책으로 경기 부양을 위해 훨씬 많은 액수의 공적 자금을 투입해야 하며, 거대 금융기관들을 단기적일지라도 하루라도 빨리 국유화할 것을 해결책으로 내놓고 있습니다. 또 그는 말합니다. "공황이 다시 오는 일은 없을 것이다. 그러나 불황은 오랫동안 계속될 것이다."

** 니얼 퍼거슨

니얼 퍼거슨은 영국 출신의 역사학자입니다. 사람들은 그를 2008년 시작된 경제 위기 이후 '역사학자' 앞에 '경제'라는 수식어를 붙여 '역사경제학자'라고 부릅니다. 니얼 퍼거슨은 전통적인 경제학자들을 자료가 부족한, 공부를 좀 더 해야 할 필요가 있는 사람들로 몰아붙입니다. 그는 "기존의 경제학자들은 기껏해야 애덤 스미스가 《국부론》을 발표한 1776년 이후 250년도 채 안 되는 매우 단기간의 자료만을 토대로 연구한다. 하지만 인간의 경제 활동은 애덤 스미스 이후부터 시작된 것이 아니라 창세기부터 시작돼 온 것이다. 따라서 경제학자가 연구해야 할 자료는 자료 확보가 가능한 예수님이 태어나기 3000년 전, 문자를 사용하기 시작한 수메르인들의 경제 활동부터 살펴보아야 한다"고 주장합니다. 일단 자료 싸움에서 경제학자들은 역사학자보다 불리합니다. 그는 현재 하버드 대학교 역사학과 교수입니다. 최근 거의 모든 학문의 학자들이 역사학자들의 도전을 받고 있습니다. 역사심리학, 역사군사학, 역사체육학 등입니다. 컴퓨터 소프트웨어의 발달로 자료를 수집할 수 있는 양이 많아지고 자료를 처리할 수 있는 속도가 빨라져 이런 일이 가능해진 것입니다.

《시빌라이제이션》은 퍼거슨 교수의 여러 저작 중에서도 가장 손꼽히는 책입니다. 세계사의 흐름 전체를 조망한 퍼거슨의 《시빌라이제이션》은 "약 500년 전만 해도 세계에서 가장 발달한 문명들은 서양이 아닌 동양이었다. 그렇다면 대체 서양 문명은 어떻게 발달한 동양 문명을 추월하여 무려 500년이 넘는 시간 동안 세계를 지배하는 대역전극을 이루어낼 수 있었는가" 하는 의문으로부터 시작됩니다. 그는 서양이 세계를 지배할 수 있었던 비밀은 여섯 가지 '차이점'에 있다고 주장합니다. 첫째는 '경쟁'입니다 유럽은 정치적으로 분열되어 있었던 덕분에 한 국가 내에서도 서로 경쟁하는 다수의 조직이 있었고, 이로 인해 늘 불안한 상태에 놓여 있었지만 그러나 그것이 군사, 경제, 무역 등 다양한 분야의 발전을 가져왔으며, 근대 민족 국가와 자본주의의 발판을 만드는 결과를 낳았다는 것입니다.

둘째는 '과학'입니다. 교회와 국가의 분리와 종교개혁은 자연을 합리적으로 연구할 수 있는 사상적 기반을 제공했으며 인쇄기술의 발달은 지식의 빠른 보급을 가능케 했습니다. 결과적으로 17세기부터 수학, 천문학, 물리학, 화학, 생물학 분야의 주요 혁신은 모두 서유럽에서 일어났으며, 이는 곧 군사력 강화로 이어졌다는 것입니다.

세 번째는 '재산권'입니다. 풍부한 자원을 가지고 있던 남미를 개척한 스페인과 척박한 북미를 개척한 영국의 사례를 보면, 풍부한 자원이 있었음에도 결국 남미가 북미에 비해 뒤떨어지게 되었음을 알 수 있습니다. 그 이유는 북미에 정착한 영국인들이 발전된 재산권 개념을 가지고 있었기 때문입니다. 재산권 개념이 법치주의와 정부의 발달을 가져온 것입니다.

네 번째는 '의학'입니다. 식민지 개척과 영토 확장으로 의학의 필요성이 대두되면서, 열대병 연구를 비롯해 공중 보건에서 19, 20세기 거의 모든 혁신이 서유럽과 북아메리카인의 손에서 이루어졌습니다. 이와 같은 의학의 발달은 세계적으로 평균 수명을 높이는 데 기여했습니다.

다섯 번째는 '소비'입니다. 식민지 시대가 끝나고 산업 혁명이 시작되면서, 옷에서부터 변화가 찾아왔습니다. 산업혁명이 일어난 곳에는 생산성 향상을 가져오는 기술 공급과 면제품을 비롯해 더 많고, 좋고, 저렴한 상품을 원하는 수요가 있었습니다. 청바지와 재봉틀로 대표할 수 있는 의복의 변화는 서양뿐 아니라 전 세계로 확산되어 '의복 혁명'을 불러오며 소비사회와 자본주의의 꽃을 피웠다는 것입니다.

여섯 번째는 '직업'입니다 종교개혁 이후 근검 절약과 성실한 직업 활동을 신앙의 표현이라 보는 신교의 부상은 서양에서 집중적인 노동을 높은 저축 금리와 결합시켜 꾸준히 자본을 축적할 수 있게 했습니다. 반면 최근 들어서는 서양의 비기독교화가 직업윤리의 약화로 연결되며 서양 패권 시대의 위기를 불러오는 원인 중 하나로 떠오르고 있다는 것입니다.

니얼 퍼거슨이 주장하는 '서양이 동양을 앞선 6가지 이유' 중 가장 압권은 세 번째 '재산권'입니다. 이 부분을 부연해서 설명드려야 할 필요가 있습니다. 16세기 항해 기술이 제일 발달한 나라는 영국이 아닌 스페인과 포르투갈이었습니다. 스페인과 포르투갈은 대서양을 건너 남미에서 많은 금은보화를 가져왔습니다. 당시만 해도 영국은 대서양을 건널 만한 항해 기술이 없었습니다. 따라서 영국 배들은 남미에서 금은보화를 가득 싣고 온 포르투갈과 스페인의 배를 습격하여 재물을 빼앗았습니다. 영국 여왕은 재물을 많이 탈취해온 해적 선장에게 작위를 수여했습니다. 따라서 영국 왕실은 해적 행위를 장려한 것입니다. 그렇다고 해서 영국이 포르투갈이나 스페인보다 더 비윤리적이라고 말할 수 없습니다. 포르투갈과 스페인이 남미에서 가져온 금은보화는 남미인들을 학살해서 빼앗아 온 것들이기 때문입니다. 따라서 포르투갈, 스페인, 영국은 장물(贓物)을 나누어 가진 것입니다.

여기서 중요한 차이가 있습니다. 장물을 나누는 방법입니다. 포르투갈과 스페인이 남미에서 가져온 재물은 모두 포르투갈과 스페인의 왕실 소유입니다. 그러나 영국 해적이 탈취한 보물은 기본적으로 해적의 소유입니다. 장물의 일부를 국가에 세금으로 납부만 하면 됩니다. 포르투갈과 스페인은 주요 자산에 대한 개인의 재산권을 인정하지 않았습니다. 하지만 영국은 국가에 세금을 납부한다는 전제 하에 모든 자산은 개인 소유였습니다. 영국이 이렇게 개인의 재산권을 일찍부터 발전시킨 이유는 1689년 권리장전 때문입니다. 우리는 학교에서 영국의 권리장전은 국민들의 권리를 보장한 매우 혁명적인 사건으로 배웠습니다. 물론 이 말은 맞습니다. 하지만 그 속을 들여다보면 그렇게 고상한 이념으로부터 출발한 것이 아닙니다. 영국의 권리장전을 세속적인 한마디의 표현으로 압축하자면 "왕은 국민들에게 빌려간 돈을 떼먹지 않는다"입니다. 당시만 해도 영국 왕실은 여러 전쟁으로 항상 돈이 부족했습니다. 왕은 유대인들로부터 돈을 빌렸습니다. 빚을 갚아야 할 시기가 다가오면, 왕은 어떤 이유를 대서라도 돈을 떼어먹을 궁리를 했습니다. 가장 손쉬운 방법은 유대인들에게 터무니없는 혐의를 씌워 국외로 추방하는 것이었습니다. 하지만 이런 방법도 여러 번 써먹으면 효과가 반감됩니다. 유대인들이 영국 왕에게 돈을 꾸어주지 않기 시작했습니다. 왕은 급했습니다. 결국 왕은 유대인들에게 권리장전이라는 차용증에 서명을 하고 돈을 빌리기 시작한 것입니다. 권리장전 이후 영국 왕실은 개인의 재산권을 확실하게 보장해주었습니다. 자국민들이 식민지에서 원주민들로부터 빼앗은 땅과 재물에 대하여 영국 왕실은 그들의 소유권을 인정해주었습니다. 하지만 포르투갈과 스페인은 식민지의 모든 땅과 재물의 소유권은 왕실에 있었습니다. 니얼 퍼거슨은 그의 저서 『시빌라이제이션』에서 아메리카 대륙은 재산권에 대한 유효성을 검증한 역사적인 사건으로 기록합니다. 남미는 북미보다 더 비옥했고, 금과 은이 많았지만 이 모든 것은 왕실의 소유였습니다. 하지만 북미는 남미보다 춥고, 척박했습니다. 그러나 이 땅에서 일군 모든 것들은 식민지로 이주한 국민들 개인의 소유였습니다. 이것이 오늘날 경제적으로 남미와 북미가 어떤 결과를 가져왔는지를 설명할 수 있는 개인 재산권의 유효성에 관한 검증이라고 퍼거슨은 설명합니다. 역사학자들과 경제학자들은 20세기 한반도에서 재산권에 대한 유효성의 검증이 다시 한 번 재현됐다고 주장합니다. 해방 후 70년 동안 개인의 재산권을 인정하지 않은 북한과 재산권이 보장된 남한의 국력 차이가 그 명확한 증거라는 것입니다.

*** 해리 덴트

해리 덴트는 인구학자입니다. 하지만 그는 학자에 머무르지 않고 인구 구조와 소비 흐름의 변화를 기반으로 각 나라의 경기를 전망하고 투자 전략을 짜주는 컨설턴트입니다. 주류 경제학에서는 금리와 통화량을 조절해 거시경제를 조정할 수 있다고 보지만 그는 근본적으로 경제의 큰 방향을 결정 짓는 것은 사람들의 소비 결정이라 주장합니다. 따라서 인구 구조를 이해한다면 사소한 것에서부터 거대한 것에 이르기까지 우리 삶과 사업, 투자에 영향을 미치는 핵심 트렌드를 파악할 수 있다고 강조합니다.

그는 두 번의 예측을 한 일이 있었습니다. 첫째는 1980년대 일본의 버블이 꺼질 것이라는 것이며, 둘째는 다른 경제학자들의 주장과는 달리 1990년대 미국이 경제가 호황을 맞을 것이라는 예측입니다. 이 두 가지 모두가 적중했습니다. 그의 세 번째 예측은 "한국은 2018년 이후 인구 절벽 아래로 떨어지는 마지막 선진국이 될 것이다!"라는 것입니다. 인구 절벽이란 한 세대의 소비가 정점을 치고 감소해 다음 세대가 소비의 주역으로 출현할 때까지 경제가 둔화되는 것을 말합니다.

《2018 인구 절벽이 온다》에서 해리 덴트는 지금 세계는 유럽에서 흑사병이 휩쓴 이후 처음으로 앞 세대보다 인구 규모가 작은 세대가 뒤따르는 상황에 직면했다며 일본을 가장 최악의 국가로 지목합니다. 일본은 2020년 이후 인구의 구조적 추이가 급격하게 떨어지기 시작하기 때문입니다. 중국은 두 가지 큰 문제가 있다고 설명합니다. 첫째로 부채가 1929년 버블 정점 때 미국보다 많다는 점이고, 둘째로 가장 중요한 것은 미국은 베이비붐 세대에 이어 대규모 이민자들이 경제에 순풍을 불도록 해주는 반면 중국은 이민자 유입이 없는 상태에서 출산율이 지난 50년간 떨어졌기 때문이라는 것입니다. 그는 금은 인플레이션 헤지를 위한 상품이지 디플레이션 때 유용한 투자 대상은 아니라고 말하면서, 1420~1520달러 선까지 반등할 때마다 매도하는 것이 바람직하다고 충고합니다.

학생이 골라가는 고등학교, 교육 상품권 제도

수년 전 경기도의 한 고등학교에 일일교사로 초대된 일이 있었습니다. 충격을 받았습니다. 약 10퍼센트의 학생이 수업 시작부터 끝날 때 까지 책상에 엎드려 잠을 잤습니다. 학생들에게 물어보니 "저 애들은 항상 잠을 잔다"고 말했습니다. 더욱더 놀라운 일은 "선생님들이 수업시간 내내 못 본 척한다"는 것입니다. 저는 이 고등학교가 전국에서 유일한 학교이기를 희망합니다. 하지만 현실은 그렇지 않은 듯합니다. 학교마다, 아니 학급마다 선생님들이 못 본 척하는 학생들이 전혀 없다고 말씀드릴 수 없습니다. 수업시간에 잠을 자는 학생뿐만이 아니라 잠을 자지는 않더라도 수업에 흥미를 느끼지 못하고 겉도는 학생을 합치면 그 숫자는 적지 않으리라 추측됩니다.

여기서 우리는 심각하게 문제를 제기해볼 필요가 있습니다. 왜 학생들이 잠을 자거나 수업에 흥미를 느끼지 못할까요? 이 문제를 경제학에서 말하는 공급자와 소비자의 입장에서 분석해보겠습니다.

교육에 있어서 공급자는 학교입니다. 소비자는 학생입니다. 학교는 시장입니다. 그리고 수업을 상품이라고 가정합니다. 수업시간에 잠을 자거나 수업에 흥미를 느끼지 못하는 학생이 있다는 것은 공급자인 학교가 시장에서 소비자들에게 품질이 떨어지거나, 소비자가 필요 없는 상품을 팔고 있다는 증거입니다. 즉 학교는 소비자가 원하는 제품을 팔지 못하는 매력이 없는 시장입니다. 시장 원리에 따르면 아마도 많은 학교가 문을 닫아야 할지도 모릅니다.

그런데 이렇게 형편없는 물건을 많이 파는 별 볼 일 없는 학교라는 시장이 망했다는 이야기를 들어보지 못했습니다. 기업은 소비자로부터 외면받으면 도산합니다. 그러나 학생들이 싫어하는 학교는 멀쩡합니다. 이유는 학교라는 시장은 당국으로부터 일정한 지역에서 독점적으로 영업을 할 수 있는 영업권을 보장받은 동네 시장이기 때문입니다. 치킨 등 프랜차이즈 식당들은 본사에서 일정한 지역적 범위의 영업권을 독점적으로 부여해줍니다. 우리나라의 초·중·고등학교 역시 일정한 구역 내에서 학생들에게 독점적인 행위를 강요합니다.

많은 분들이 학교를 시장으로 비유한 것에 대해 비난을 하실 수도 있습니다. 물론 학교는 시장이 아닙니다. 그런데 바로 학교는 시장이 아니라는 논리 때문에 국가적으로 엄청난 낭비가 있으며 수많은 학생들 개개인의 미래가 망가지고 있습니다. 학교에 적응하지 못하고 비행 청소년으로 전락하는 경우도 적지 않습니다. 그러나 학교는 이것에 대하여 책임을 지지 않습니다. 이것이 올바른 제도일까요?

저는 학교가 시장이 아니라고 주장하시는 선생님들에게 말씀드립니다. 맞습니다. 선생님들이 말씀하시는 대로 학교는 시장이 아닙니다. 시장에서는 물건을 팔면 끝납니다. 그러나 학교는 시장이 아니기 때문에 졸업한 학생들의 미래에 책임을 져야 합니다. 학생들의 미래를 책임질 수 없다면, 시장 논리를 받아들여야 합니다. 이 세상에 변하지 않는 진리는 없습니다. 과거에는 태양이 지구를 돌았지만 지금은 지구가 태양의 주위를 돕니다. 하지만 이런 사실도 우주과학이 더욱더 발달하면 태양계 전체가 어떤 커다란 천체 시스템 속에서 움직이는 것이라고 밝혀질 수도 있습니다.

저는 적어도 중학교 의무교육이 끝나는 고등학교부터는 교육에 시장 논리가 적용돼야 한다고 생각합니다. 즉 교육의 선택권을 소비자인 학생들에게 주어야 합니다. 즉 학생들이 학교를 골라갈 수 있어야 합니다. 이런 일이 의무교육이 끝나는 중학교 이후 즉 고등학교부터 실시돼야 합니다.

지금부터 교육 상품권에 대하여 가상의 예를 들어 설명드립니다. 그리고 대학 교육의 변화에 대해서도 아울러 말씀드립니다. 어차피 고등학교 교육은 대학 교육과 연계돼 있기 때문입니다.

A군은 중학교 졸업 후, 집 근처의 무궁화 고등학교에 진학하지 않고 강남의 AI컴퓨터 학원에 진학했습니다. 여기서 학원에 진학했다고 표현하는 것은 법이 개정되어 각종 학원도 일반 고등학교와 동일한 학력을 인정받는 교육기관으로 변했기 때문입니다. 물론 학원 등록금은 학교 등록금에 비해 비쌉니다. A군의 학원 등록금 일부는 교육청에서 받은 상품권으로 지불합니다. 실험실습비는 A군의 아버지가 냅니다. 교육청은 고등학교 학생 1인당 배정된 예산을 학원에 진학한 학생들 각자에게 교육 상품권으로 제공합니다. 당연히 학생 A가 진학했어야 할 무궁화 고등학교에 배정된 예산은 그만큼 삭감됐습니다. 학생 A는 AI컴퓨터 학원에서 공부하는 것에 현재 만족합니다. 하지만 오늘 아침 신문을 보니까 구글 본사에서 근무하던 직원 여러 명이 AI플러스라는 학원을 차려 학생들을 모집한다는 광고를 냈습니다. 학생 A는 오늘 오후 그곳에 찾아가서 상담을 한 후 학원을 옮길 계획입니다.

B양은 아름다운 음악학원에 진학했습니다. 아름다운 음악학원은 줄리아드 음대 출신 유학생들이 만든 학원입니다. B양 역시 아름다운 음악학원을 졸업하면 줄리아드 음대로 유학을 갈 예정입니다.

C군은 천재 수학학원에 진학했습니다. 천재 수학학원은 국방부와 국가정보원에서 학원비를 대주는 학원입니다. 학원 성적이 우수하면 졸업을 한 후에 국방부 또는 국가정보원에서 대학 학비도 대줍니다. 물론 대학 졸업 후 국방부나 국가정보원에서 암호전문가로 활동하게 됩니다.

D양은 헬스케어 학원에 다닙니다. 헬스케어 학원은 의사, 간호원, 스포츠 강사들이 만든 학원입니다. 한국 대학교 간호학과에서는 헬스케어학원 졸업생에게 대학 2년을 다닌 것으로 자격을 인정하고 3학년에 입학시켜줍니다.

E군은 M.I.학원에 다닙니다. M.I.는 Mountain Industry의 약자입니다. M.I.학원의 원장은 8000미터가 넘는 봉우리를 5개나 정복한 유명한 알피니스트입니다. M.I.학원의 학생들은 매년 히말라야와 알프스 등을 등반합니다. 또한 등산 장비, 등반 가이드 등 등산을 통해서 어떻게 부가가치를 만들 수 있는지를 연구하는 방법을 배웁니다.

F양은 중국 학원에 다닙니다. 중국 학원에서는 중국의 고등학교 학생이 배우는 과목들을 가르칩니다. 물론 중국어로만 수업을 합니다. F양은 중국 학원을 졸업하고 중국으로 유학을 갈 예정입니다.

학부모들의 사교육비 부담이 줄었습니다. 물론 학원에 지불하는 비용이 일반 고등학교에 다니는 것보다 비싸지만 저녁이나 주말에 학원에 다니는 학원비를 고려하면 훨씬 경제적입니다.

A, B, C, D, E, F 학생 모두 대학을 진학하는 데 아무런 문제가 없습니다. 오히려 학원 출신이 일반 학교 출신보다 대학 진학에 더 유리한 경우도 있습니다. 법이 개정되어 오래전부터 정부는 대학에 간섭하지 않습니다. 대학의 신입생 선발은 전적으로 대학이 알아서 합니다. 물론 정부는 대학에 1원도 지원하지 않습니다. 많은 예산을 절약하게 됐습니다. 운영이 어려워진 사립대학은 새로 제정된 학교법인 청산에 관한 특별법에 의해 재단의 재산을 처분하여 일정 부분을 세금으로 납부하고 잔여 재산을 법인 설립자가 개인 재산화할 수 있습니다. 이 법을 통해서 사립대학뿐만이 아니라 많은 사립고등학교도 청산 절차를 밟았습니다.

정부는 국가에 꼭 필요하지만 대학생들이 기피하는 학과 학생에 한해서 장학금을 지급합니다. 예를 들면 의대 산부인과 전공 학생에게는 100퍼센트 장학금을 줍니다. 또 국사(國史)학과 학생들에게도 장학금을 지급합니다. 정부는 정부가 장학금을 지급한 부분에 대해서만 간섭합니다. 즉 장학금을 받은 학생과 이 학생이 공부하고 있는 대학에 대하여 장학금을 받은 학생이 공부를 잘하는지 또 국가장학생을 교육시키고 있는 대학교가 제대로 가르치고 있는지만 감독합니다.

이상은 가상의 고등학교 시스템과 대학 시스템을 소개한 것입니다. 이 제안에 가장 강하게 반대할 집단은 기존 고등학교 선생님들입니다. 이것은 반대로 현재의 교육 제도가 학생이 아닌 학교 선생님들을 위해서 운영되고 있다는 반증입니다. 어쨌든 학교 선생님들의 강한 반대에 부딪히면 교육 정책을 수정하기가 어려워집니다. 따라서 가능한 이들의 고용을 정년까지 보장해주어야 합니다.

다음으로 이와 같은 개혁안에 반대할 집단은 교육부 공무원입니다. 그들이 대학에 행사할 수 있는 영향력을 잃기 때문입니다. 이것 또한 현재의 대학 교육은 학생이 아닌 교육부 공무원을 위해 진행되고 있다는 증거입니다. 그래서 모 정치인은 교육부를 해체해야 한다고 주장했습니다. 저는 교육부 해체에 전적으로 찬성합니다.

이와 같은 교육 제도의 변혁은 새로운 일자리를 창출합니다. 사회 각 분야의 전문가들이 고등학교 학생을 모집하기 위한 다양한 종류의 학원을 개설할 수 있습니다. 물론 고등학교부터는 교원자격증이 필요 없도록 법을 개정해야 합니다. 이것은 기존의 일반 고등학교도 학원처럼 각 분야의 전문가들을 스카우트하여 다양한 종류의 학과를 개설하고 학원들과 경쟁할 수 있음을 의미합니다. 즉 고등학교 교육 시장의 무한 경쟁을 의미합니다. 교육 시장이 무한 경쟁으로 들어가면 교육소비자인 학생들은 자신의 진로를 다양하게 선택할 수 있습니다.

급식 제도는
프랑스처럼 합리적으로 할까요

우선 우리나라의 학교 급식에 대하여 글을 쓰는 것이 대단히 조심스럽게 생각됩니다. 그 이유는 우리나라의 학교 급식은 본질을 떠나 정치적인 이슈로 변질됐기 때문입니다.

그러나 제가 이 글을 쓰는 이유는 우리 모두 진영의 논리를 떠나 냉철하게 생각할 필요가 있기 때문입니다. 물론 제가 아무리 진영 논리를 떠나 냉철하게 생각하자고 말씀드려도 그것이 불가능하다는 것을 잘 알고 있습니다. 이미 우리 사회는 회복하기 힘들 정도로 진영화되어 있기 때문입니다. 그럼에도 불구하고 학교 급식에 관한 제

경험담을 들려드리는 것이 필요하다고 생각됩니다. 혹시 제 글을 읽으시면서 불편하신 분이 계시더라도 끝까지 읽어주시기를 부탁드립니다. 저는 어느 특정 진영의 논리 또는 이념을 전파하고자하는 목적이 없습니다. 다만 언론인으로서 제가 경험했던 프랑스의 학교 급식 제도를 소개하는 것이 언론인의 사명에 속한다고 판단하고 있습니다. 아래의 글은 제가 1989년 프랑스 파리 특파원으로 발령을 받아 가족과 함께 생활했던 경험담입니다.

저는 당시 파리 지하철 9호선 종점 부근의 아파트에 살았습니다. 그 아파트 단지에는 한국 대사관 직원, 상사 주재원, 특파원 가족들이 많이 살았습니다. 당시 제 아들과 딸은 5살과 4살이었습니다. 아내가 매일 아침 일찍(8시 경으로 기억됩니다) 단지 내에 있는 유치원에 두 아이들을 데려다주면 오후 4시 경에 귀가합니다.

유치원에서는 아이들에게 점심을 제공합니다. 유치원에서 점심을 주니까 아내는 하루 종일 자유를 만끽했습니다. 아파트 단지를 자세히 관찰하니까 단지 내에 유치원뿐만이 아니라 유아원도 있었습니다. 프랑스 여자들은 제 눈에 보기에는 핏덩이 같은 아이를 강보에 쌓아 유아원에 맡기고 출근합니다. 어쨌든 당시 제 눈에는 프랑스의 사회 제도가 매우 부러웠습니다.

제 아이들이 유치원에 입학한 지 한 달쯤 지난 어느 날 구청에서 편지가 날아왔습니다. 소득증명서를 지참하고 구청으로 오라는 것입니다. 특파원 월급 명세서를 들고 구청에 가서 제출했습니다. 구청은 우리 두 아이의 유치원 점심값을 계산하기 위해서 제 월급 명세서가 필요했던 것입니다. 프랑스에서 아이들의 점심값은 모두 동일하지 않습니다. 부모의 소득에 따라 등급이 다릅니다. 부모의 소득이 많지 않으면, 그 아이의 점심값은 무료입니다. 부모의 소득 수준이 높으면 최고 등급의 점심값을 내야 합니다. 그리고 구청은 우리 아이들이 한 달에 몇 번 유치원에서 점심식사를 했는지 정확하게 날짜 계산을 해서 청구합니다. 아내가 아침에 아이들을 유치원에 데려다주면 유치원 선생님이 오늘 점심을 유치원에서 먹을 것인지 아닌지를 제일 먼저 물어봅니다. 점심을 유치원에서 먹지 않는 아이도 있습니다. 제가 살았던 동네의 유치원과 초·중·고등학교에서는 아침에 등교하면 제일 먼저 오늘의 점심식사 인원을 구청에 통보합니다. 구청은 식수 인원을 파악하여 한 곳에서 식사를 준비합니다. 그리고 점심식사 시간에 자원봉사자가 식사를 학교로 가져와서 배식하고 식사가 끝나면 배식 도구들을 철수하여 가져갑니다.

여기서 중요한 점은 학교의 선생님들은 어느 학생이 몇 등급의 점심값을 구청에 납부하는지 모른다는 것입니다. 어느 학생이 무료로 급식을 받는지도 물론 모릅니다. 학교 선생님의 관심은 오직 자기 자신도 오늘 학교에서 점심을 먹을 것인지, 아니면 집에 가서 점심을 먹고 올 것인지 입니다. 자신도 학교에서 점심을 먹으면 점심값을 내야 하기 때문입니다.

저는 아직도 우리나라 학교 급식 체계를 이해할 수 없습니다. 프랑스식으로 하면 아무 문제가 될 것이 없습니다. 아마 현재의 우리나라가 1989년 프랑스보다 잘사는 것 같습니다. 우리가 프랑스 방식을 도입하지 못할 이유가 없습니다. 프랑스식으로 하면 예산을 절감할 수 있고 급식의 질도 좋아질 수 있습니다.

당시 30대 중반의 젊은 한국 특파원이었던 저는 프랑스 학교 급식 제도에 매료됐습니다. 저는 지금 어떤 진영을 두둔하기 위해 이 글을 쓰고 있지 않습니다. 학교 급식 제도에 관한 제 견해는 간단 명료합니다.

급식 제도는 프랑스식으로 합리적으로 합시다.

캐나다 슈퍼마켓의
푸드 뱅크처럼 나눠줘요

　2016년 10월에 캐나다 밴프의 슈퍼마켓 계산대에서 발견한 광경이
인상적이었습니다.

　계산대 끝부분에 〈LOCAL FOOD BANK〉라는 팻말이 있습니다.
이는 슈퍼마켓에서 계산을 끝낸 손님이 자신이 값을 지불한 물건 중
일부를 가난한 사람을 위해 기부하는 시스템입니다. 이해를 돕기 위
해 다음의 사진으로 소개해드립니다.

　이렇게 해서 모여진 식품들은 지역사회의 소외계층들에게 전달된다고 합니다. 푸드 뱅크, 우리나라의 슈퍼마켓에서도 한번 시도해볼만한 가치가 있을 것 같습니다.

절에 안 가는 등산객이
왜 입장료를 내야 하죠?

우리나라 국립공원의 입장료는 2007년 폐지되어 지금은 무료입니다. 그런데 설악산 등 국립공원에서는 입장객에게 요금을 받고 있습니다. 국립공원 입장료가 아니라 일명 '문화재 보호구역 입장료'라는 사실상의 '사찰 관람료'입니다.

이것과 관련하여 시민들의 항의가 꾸준히 있어 왔습니다. 항의를 하는 사람들은 국립공원에 등산을 왔지 국립공원 안에 있는 사찰을 관람하러 오지 않았으며, 실제로도 사찰을 구경하지도 않았다는 점을 들어 사찰 관람료를 등산객으로부터 받는 것은 부당하다고 주장합니다.

2016년 국민권익위원회가 등산객 불편 관련 민원 1546건을 분석한 결과에 따르면 문화재 관람료 강제 징수 불만이 11.5퍼센트나 됩니다.

하지만 국립공원 내 사찰들은 정부가 국립공원의 입장료를 전면 폐지한 이후에도 문화재 보존 명목으로 관람료를 계속 받아왔습니다. 사찰 측은 문화재 관람료를 받을 수 있다고 명시한 현행법을 근거로 내세우고 있습니다. 문화재 보호법 49조에는 "국가가 지정한 문화재의 소유자는 문화재를 공개할 경우 관람료를 징수할 수 있다"는 내용이 있습니다. 하지만 대부분의 사찰 매표소는 사찰 입구에 있지 않고 국립공원 입구에 설치돼 있습니다. 따라서 대다수의 국민들은 문화재 관람료가 아니라 일종의 통행료로 이해하고 있습니다.

실제로 사찰을 관람하지 않은 사람에게 사찰 관람료를 받는 것은 이치에 맞지 않는 궁색한 방법이며 국민들로부터 정당성을 확보받고 있지 못한다고 생각됩니다. 즉 부조리하다는 것입니다.

저는 여기서 한 가지 방법을 제안합니다. 국립공원 진입 부분에 사찰 소유의 부지가 있다면, 등반객들이 주로 이용하는 부분의 토지를 국가가 수용하여 도로로 편입해야 한다는 것입니다.

국가는 국민 다수 또는 지역 주민의 편의를 위하여 그동안 수없이 넓은 땅을 보상비를 지급하고 수용하여 도로로 만들어왔습니다. 그

것이 국가가 해야 할 일입니다. 또 국가의 필요에 의해 땅을 수용당한 수많은 토지주들도 국가의 결정에 따라왔습니다. 사찰을 구경하지도 않은 사람들에게 그 명칭이야 어찌돼든 실질적으로 사찰 관람료를 받게 만드는 부조리함은 국가 권력의 무능이거나 종교단체의 표를 의식한 정치권의 비겁함이라고 생각됩니다.

약 처방만 하지 말고
운동 처방도 해주면 안 됩니까

프랑스 남부의 한 온천 지대를 방문했을 때 깜짝 놀란 일이 있었습니다. 커다란 방 안에서 수많은 사람들이 이비인후과에서나 볼 수 있는 장비를 손에 들고 온천의 증기(아마도 유황온천이었던 것으로 기억됩니다)를 코와 입으로 마시고 있었습니다. 이들은 모두 호흡기 환자들로 의사들의 처방을 받고 온천에 온 사람들입니다. 물론 온천 비용은 의료보험에서 처리됩니다. 나중에 지인을 통해서 들은 이야기이지만 독일에서는 숲에 가서 삼림욕을 하라는 처방이 있다고 합니다. 그리고 숲 입장료는 의료보험에서 지급된다고 합니다.

우리나라에서 병원에 가면 대개의 의사 선생님들이 처방전을 써줍니다. 물론 약국에 가서 약을 구입하라는 처방전입니다. 그런데 이런 처방은 불가능한지 의사 분들에게 여쭈어보고 싶습니다. 예를 들면 '매일 30분 이상 수영장에 가서 수영을 하세요'와 같은 처방전입니다. 이 처방전을 들고 동네 수영장에 가서 수영을 하게 되면 수영장 월 입장료의 상당 부분을 의료보험에서 지급해주는 것입니다. 물론 환자는 수영장에 등록하고 한두 번 다니다가 포기할 수도 있습니다. 이때는 의료보험 혜택이 취소되는 시스템을 만들면 됩니다. 우리나라 공무원은 이런 체크 시스템을 잘 만듭니다.

의료보험제도가 약 처방뿐만이 아니라 운동 처방까지도 확대되면 제약회사는 서운하겠지만 헬스클럽 등은 호경기를 맞이할 수 있습니다. 물론 고용도 창출될 것입니다.

이제 우리의 의료당국과 의료인들은 약 처방 만능주의가 과연 올바른 제도인지를 진지하게 논의해야 합니다. 점점 더 고령화 되가는 사회에서 현재의 의료제도는 지속 가능하지 않습니다.

아래의 글은 제 컴퓨터 파일 모음에서 발견한 글입니다. 좋은 글이라 생각되어 저장해두었습니다. 그런데 실수로 출처와 날짜를 기록해두지 못했습니다. 이 글을 쓰신 분이 이해를 해주시리라 믿고 아래에 소개해드립니다.

현대 문명국가는 콜레라 등 세균성 질환보다는 고혈압과 당뇨 등 비세균성 질환의 증가로 고민을 하고 있다. 고혈압과 당뇨를 예방하고 치유하는 가장 근원적인 방법은 적당한 운동과 절제된 식사라는 사실을 모든 의사들이 알고 있다. 그렇다면 고혈압과 당뇨 환자에게 우선적으로 운동 처방과 식사 처방을 해야 한다. 하지만 의사들은 약을 처방하거나 수술을 권유한다. 근본적인 치료를 외면하고 증상만을 완화시키는 대증요법을 사용하는 것이다.

여기에는 두 가지 문제가 있다. 첫째 투약과 수술은 또 다른 약 처방과 추가 수술로 이어진다. 약은 반드시 독이다. 약은 인체에 한 부분에는 약이지만 반드시 다른 부분에는 독으로 작용한다. 또 운동 부족과 절제된 식사를 하지 않아 노폐물이 쌓인 혈관의 일부만을 외과적 수술로 처치를 해도 다른 부분의 혈관에서 문제를 일으키게 된다.

원인 치료를 거부하는 우리나라 의료의 가장 큰 문제점은 의료보험 재정의 3분의 1이상이 낭비되고 있다는 사실이다. 우리나라 건강보험 재정의 3분의 1이상이 감기 치료비에 사용된다. 감기의 원인은 100여 종이 넘는 다양한 바이러스다. 감기 바이러스에는 약이 없다. 서양 특히 EC 국가에서는 감기 환자에게 약을 처방하지 않는다. 하지만 우리는 감기 환자가 병원에 가면 주사제를 포함하여 약을 처방해준다. 해열제를 처방하기도 한다. 감기바이러스는 열에 약하다. 인체의 면역 시스템은 침입한 바이러스를 물리치려고 체온을 일부러 올린다. 그런데 해열제를 먹으면 인체의 면역 시스템이 활동을 정지하게 된다.

또 감기에 항생제를 처방하는 의사들도 다수 있다. 우리나라 의사들이 항생제를 세계적으로 많이 처방한다는 것은 이미 오래전에 알려진 사실이다. 그래서 항생제 내성률이 우리나라가 제일 높다. 정부는 항생제를 많이 처방하는 병원을 공개하고 있지만 이것도 실효를 거두지 못하고 있다. 그 이유는 환자들이 항생제를 처방하는 병원으로 몰리고 있기 때문이다. 의사들은 항생제 처방이 올바르지 못하다는 사실을 잘 알지만 내가 항생제 처방을 기피하면 환자가 다른 병원으로 이동한다는 현실적인 어려움 때문에 어차피 환자가 어느 병원에서든 항생제를 처방받을 거라면 자신이 항생제 처방을 하는 쪽으로 결론을 내린다. 저자는 우리나라 의료 시스템의 근본적인 개혁을 위한 구체적인 방안을 제시한다.

첫째, 불필요한 감기약 처방을 근절시켜야 한다. 어렵지만 이를 반드시 관철시켜야 한다. 의료보험료의 3분의 1이상이 불필요한 감기 치료에 사용되면 정작 중증 환자들을 위해 사용될 의료 자원이 부족하게 된다. 또한 불필요한 감기 치료는 인체의 면역 시스템을 교란시켜 더욱더 큰 질병을 일으키게 되고 이는 더 많은 환자를 양산하여 개인과 사회에 의료비 부담을 가중시키게 된다.

둘째, 항생제 남용 경고 제도를 도입해야 한다. 건강보험공단의 전산 시스템을 이용하여 각 개인별로 현재까지 투약된 항생제의 종류와 그 양을 매년 국민 모두에게 개인별로 통보해주는 것이다. 물론 언제 어떤 의사가 얼마만큼의 항생제를 투약했는지도 알려주게 된다. 이 제도의 특징은 만약 항생제 내성으로 피해를 입은 개인은 항생제를 많이 처방했던 의료진을 상대로 소송을 제기할 수 있는 데이터를 제공해주는 데 있다. 이와 같은 제도가 도입되면 의사들의 불필요한 항생제 처방을 확실하게 줄일 수 있다.

셋째, 건강한 사람에게 인센티브를 주어야 한다. 앞에서도 언급했지만 현대의 질병은 운동 부족, 음주, 흡연, 지나친 육류 중심의 식사 습관 등에서 오는 비세균성 질환이 대부분이다. 즉 개인의 책임이 크다는 사실이다. 이런 비세균성 질환 환자들의 잦은 병원 출입은 일종의 '도덕적 해이'라고 이해되어야 한다. 자신의 절제되지 못한 생활에서 비롯된 질병을 사회적 비용으로 해결하기 때문이다. 그런데 대부분의 환자들이 전혀 죄의식을 느끼지 못한다. 만약 도로에서의 자동차 접촉사고로 발생된 피해 비용을 전부 국가가 부담해주면 어떻게 될까? 당연히 교통사고는 늘어나게 된다. 도로에서의 자동차 충돌사고는 타인의 잘못으로 피치 못하게 일어나는 경우와 본인의 잘못으로 발생되는 사고가 있다. 또한 전적으로 본인의 책임은 아니더라도 방어 운전을 하면 일어나지 않았을 사고도 다수 있다. 현대의 질병도 도로에서의 자동차 교통사고와 다를 바 없다. 따라서 평생을 절제된 생활습관으로 건강을 유지해온 사람들을 우대하는 인센티브가 존재해야 한다. 그 한 가지 방법으로 정년을 연장시켜줄 때 건강검진을 이용하는 방법이다. 예를 들어 현재의 공무원 정년이 60세라면 건강한 사람에 한해 건강검진을 통해 정년을 연장시켜주는 것이다. 만약 건강하기만 하다면 70세까지 정년이 연장되는 시스템이 채택되면 우리사회에 혁명적인 변화가 일어날 것이다.

넷째, 한방과 양방을 통합해야 한다. 이미 미국과 유럽은 현대 생의학의 한계를 인정하고 인체의 면역과 자연 치유력 근간으로 하는 한의학 등 전통 의학을 주류 의료 시스템으로 도입하고 있다. 이는 WHO의 권고에 따른 것이기도 하다. 미국의 닉슨 대통령이 중국을 방문했을 때 중국 정부는 침으로 맹장수술을 시행한 일이 있었다. 이후 유럽에서도 침을 주류 의학으로 받아들였다. 의사들이 침을 보편적인 치료 수단으로 사용하는 나라는 독일이다. 프랑스에서는 감기 환자에게 의사가 침으로 시술을 한다. 그리고 미국에서도 침이 매우 경제적이고 효과적인 치료법으로 사용된다. 때문에 미국 등 선진국의 병원에서 한·양방 협진이 보편적으로 이루어지고 있다.

외국의 병원에서 유학을 한 우리나라 젊은 의사들이 외국 병원에서 한의사와 양의사가 공동으로 회진을 하는 사실을 목격하고 충격을 받고 있다. 정작 한의학이 발전된 우리나라에서만 한방과 양방이 분리돼 있다. 한의학과 양의학은 각각 나름대로의 장점이 있다. 환자가 한 개의 의료기관에서 한·양방의 장점만을 취할 수 있다면 당연히 그렇게 해야 한다. 현재의 의료 시스템은 환자 중심이 아니라 의사 중심의 제도라고 말할 수 있다. 한·양방 협진 시스템은 많은 투약과 외과적 시술을 줄여줄 수 있다. 그리고 한·양방 협진 시스템 속에서 한의학의 과학성이 효과적으로 검증될 수 있고, 이는 우리나라 의료기술이 세계적인 수준으로 비약할 수 있는 획기적이고 효과적인 방안이 될 수 있다.

한의학의 근간을 이루는 침은 수만 년 전부터 임상시험을 통해서 확립

된 치료술이고, 한약은 수천 년 전부터 발전되어온 투약법이다. 반면에 양의학은 현미경이 발명된 후 약 200년의 역사만을 갖고 있을 뿐이다. 임상경험에 있어서 양의학은 한의학에 비교될 수 없다. 한의학을 부정하는 양의사는 현대 과학이 모든 것을 해결할 수 있다고 생각하는 과학 만능주의자들이다. 미국의 FDA에서 승인된 치료법과 주사제 그리고 약들이 추후에 부작용으로 취소되거나 리콜되는 사례가 끊임없이 발표되고 있다. 대표적인 예가 1950년대의 탈리도마이드 사건이다. 임신 중 입덧 증상을 완화시켜주는 이 약은 전 세계적으로 1만 명 이상의 팔다리가 불완전한 기형아를 탄생시키고 사용이 금지됐다. 또 한때 보편적으로 행해지던 맹장 적출 수술은 맹장의 중요성이 밝혀지면서 지금은 거의 이루어지지 않고 있다.

다섯째, '운동'이 치료법으로 인정되야 한다. 위에서도 언급했지만 현대인의 고지혈증, 고혈압, 당뇨 등의 확실한 근원적인 치료법은 운동과 식생활의 개선이다. 따라서 의사의 처방은 우선적으로 운동이어야 한다. 예를 들면 고지혈증 환자에게 투약보다는 '하루 10킬로미터 이상 보행'이라는 처방이 내려져야 한다. 의사가 정도를 피해가야 할 아무런 이유가 없다. 환자에게 정작 필요한 것이 운동이라면 주저하지 말고 운동을 처방해야 한다. 의사가 '약'을 처방하면 환자는 약으로 본인의 질병을 치료될 수 있다고 생각한다. 따라서 운동 치료사라는 제도가 만들어져야 한다. 보행이나 운동을 자신의 의지나 힘으로 할 수 없는 사람들을 도와줄 전문인이 필요하다. 예를 들면 헬스클럽의 강사도 일정한 자격요건을 갖추면 운동치료사 자격증을 주어야 한다. 물리치료비를 건강보험에서 부담하듯이 운동 치료도 건강보험의 급여 항목에 포함돼야 한다. 오히려 치료에 보조적인 투약보다는 근원적인 치료인 운동에 더 많은 급여가 할당돼야 한다. 필요하다면 병원에 헬스클럽을 만들고 환자가 의사의 처방에 따라 운동을 하게 하는 방법도 있다. 수십 분씩 병원 대합실에서 기다리는 것보다는 그 시간에 운동을 하는 것이 환자에게 더 효과적일 수 있다.

100세 시대,
건강한 사람들에겐
정년을 연장해준다면

정년을 앞둔 직장인의 바람 중 가장 큰 것이 있다면 정년 연장일 것이라 생각됩니다. 아래의 글은 정년 연장을 둘러싼 다른 여러 가지 복잡한 조건들을 뒤로하고, 우리 사회가 직장인들의 정년을 연장해줄 수 있는, 혹은 정년을 연장해주어야만 하는 환경이 조성됐다고 가정하고 쓴 글입니다. 실제로 2013년 5월, 국회가 정년을 60세까지로 연장한 법을 통과시켜 공무원을 비롯한 많은 직장 근로자들의 정년이 60세까지로 연장됐습니다.

우리나라 의료보험 재정의 상당 부분을 65세 이상의 노인이 사용합니다. 정년 연장이라는 혜택을 모든 사람들에게 주지 말고 건강한 사람들에게만 주어야 합니다. 만약 정년을 60세에서 65세까지 연장한다고 하면 60세부터 1년 단위로 건강검진을 실시하여 매년 연장해주는 것입니다. 이와 같은 방법은 우리나라 성인의 건강관리에 커다란 변화를 가져올 것으로 기대됩니다.

구체적으로 예를 들어보겠습니다. A씨는 현재 50세입니다. 10년 후에는 60세로 정년을 맞이합니다. 그런데 61세부터 건강검진을 해마다 통과하면 65세까지 근무할 수 있습니다. 즉 건강하면 다른 사람보다 5년을 더 근무할 수 있는 것입니다. 과연 A씨는 어떤 행동을 하게 될까요? 보통의 경우라면 그는 철저하게 자신의 건강관리에 신경을 쓸 것이라고 생각됩니다. 담배를 끊고, 술을 삼가며, 운동을 열심히 할 것입니다. 즉 이와 같은 제도는 많은 사람들을 건강하게 만들어줄 수 있습니다. 본인의 노후 건강뿐만이 아니라 나라 전체의 의료보험 재정 건전성에도 커다란 기여를 하게 될 것이라 봅니다.

우리나라 의료보험의 재정은 대부분은 사후에 사용됩니다. 즉 병이 발생한 후에 대부분 병원이나 약국을 통해서 사용됩니다. 단순하게 생각하여 국민들이 건강하면 할수록 의료보험 재정은 건전해집니다. 즉 '국민의 건강=의료보험재정의 건전'이라는 단순한 공식이 성립됩니다.

따라서 국가의 정책을 국민을 건강하게 할 수 있는 방향으로 만들면 됩니다. 앞에서 제안해드린 건강검진 후 정년 연장은 국민들을 건강하게 만들어줄 수 있는 강력한 유인책이라고 생각합니다.

대통령이 〈나는 가수다〉에서 배워야 할 것들

겸손한 제안 [정치] 편

법을 만들지 마세요,
대신 토론하세요

많은 사람들이 정치인을 비난합니다. 그중에서도 특히 국회의원을 불신하는 목소리가 높습니다. "일은 안 하면서"라는 표현은 국회 또는 국회의원을 나무랄 때 빠지지 않고 등장합니다. 하지만 저는 이 표현에 동의하지 않습니다. 우리 국회는 일을 하지 않아서가 아니라 너무 열심히 일을 해서 문제입니다.

국회의 가장 큰 기능은 '입법 기능'입니다. 우리나라 국회는 법을 너무 많이 만듭니다. 너무 많이 법을 만들다보니 자신이 어떤 법을 만들었는지 모릅니다. 심지어 자신이 찬성한 법안을 폐지하자는 법을 발의하기도 합니다. 또 우리나라 국회는 법을 대충 만듭니다. 일단 법을 만들어서 시행해보고 문제가 있으면 나중에 고치자는 태도로 법을 만듭니다. 대표적인 예가 '김영란 법'입니다. 분명한 사실은 지금 우리나라 국회의원이 하는 식으로 일반 기업에서 일을 한다면 해고 사유에 해당됩니다.

최근 우리 사회에는 예전에 없던 병들이 발견되고 있습니다. 대표적인 예가 '대형 슈퍼마켓병'입니다. 이 병의 증상은 동네에 커다란 슈퍼가 들어서면 골목 상권이 모두 죽는다고 알려진 병입니다. 우리나라 국회는 즉시 이 병을 고치기 위한 처방을 내렸습니다. 즉 대형유통센터의 설립을 규제하는 법입니다. 법의 이름은 '유통산업 발전법'입니다. 이 법은 1997년에 만들어졌고 그동안 수차례 개정됐습니다. 개정될 때마다 대형유통센터의 건립은 점점 더 힘들어지고 있습니다. 이 법에 대한 반대 여론도 있습니다. 한 가지 예로, 대형유통센터의 일요일 영업을 금지시키면, 소비자들은 하루 전 토요일에 미리 장을 본다는 것입니다. 또한 대형유통센터의 입점을 바라는 소위 변두리 지역 주민들의 데모도 있었습니다.

의사들은 새로운 병이 발견되면 외국의 임상 자료들을 검토합니다. 마찬가지로 국회도 새로운 사회적 병이 발견되면 선진국에도 이런 병이 발생했는지, 발생했다면 어떻게 처방했는지 그리고 그 병은 치유

되었는지를 우선적으로 검토해야 합니다. 하지만 사회적 병을 진단하고 처방해야 하는 국회의원들은 외국의 임상 자료들을 구하려는 노력조차 하지 않습니다.

1970년대 미국에서도 '월마트(WALL-MART) 병'이 발생했습니다. 대형쇼핑센터 월마트가 들어서면 주변의 소상점 수천 개가 죽는다는 소문의 병입니다. 하지만 수십 년이 지난 지금 월마트 주변에는 오히려 소상점들이 늘어나고 있습니다. 월마트가 제공하지 못하는 서비스들을 판매하는 작은 업소들이 늘어난 것입니다. 우리의 국회의원들은 대형쇼핑센터를 강자(強者)로 소형 상점 주인을 약자(弱者)로 봅니다. 당연히 강자는 약자를 괴롭혀서는 안 됩니다. 그것이 정의로운 사회라고 생각하기 때문입니다.

미국 하버드 대학교 마이클 샌델 교수는 《정의란 무엇인가》라는 책으로 우리나라에도 알려진 유명한 철학교수입니다. '정의란 무엇인가'라는 그의 하버드대 철학 강의 첫 시간은 이렇게 시작됩니다.

기차가 높은 속도로 달리고 있습니다. 원래 기차는 A라는 길로 가야 합니다. 그런데 A철로 위에 세 명이 사람이 있습니다. 그래서 기관사는 갑자기 B라는 길로 방향을 틀었습니다. B철로 위에는 두 명의 사람이 있었기 때문입니다. 기관사의 행동은 도덕적일까요? 세 명 대신에 두 명을 희생시켰으니까 기관사의 행위는 정의로운가요? 학생들은 대답을 망설입니다. 하지만 비교적 기관사의 행동에 긍정적인 반응을 보입니다.

샌델 교수의 질문은 계속됩니다. 곡선의 기찻길에 수십 명이 사람이 있습니다. 기관사는 아직 곡선의 저편에 사람들이 있다는 것을 모릅니다. 기차가 커브를 돌면 곧 사람들이 죽게 됩니다. 수십 명을 살리려면 커브를 돌기 전에 기차를 멈추어 세워야 합니다. 기차가 커브를 돌기 직전에 기찻길 옆에 있던 덩치가 커다란 사람이 체구가 적은 사람을 기찻길로 밀어 넣었습니다. 그 사람은 죽었습니다. 물론 기차는 멈춰 섰고 커브길 저편의 수십 명은 목숨을 건졌습니다. 샌델 교수는 학생들에게 질문합니다. 체구가 적은 사람을 선로로 밀어 넣은 덩치 큰 사람의 행위는 정의로운가요? 학생들은 대답을 하지 못했습니다.

마이클 샌델 교수는 우리 사회의 많은 모순된 일에 대해 '정의'에 대한 확고한 답을 내리지는 않습니다. 대신 건전한 사회일수록 도덕에 대한 끊임없는 질문이 필요하다고 주장합니다. 앞서의 예에서 덩치 큰 사람이 수십 명의 목숨을 살린 것은 맞지만 수십 명을 살리기 위해 한 사람의 생명을 희생시킨 것이 과연 도덕적인가에 대해 토론이 필요하다는 것입니다. 그리고 이런 토론이야말로 우리 사회를 건전하게 만들 수 있는 힘이라고 말합니다.

우리나라 국회에서 벌어지는 각종 청문회를 보면 낭비적이라는 생각이 들 때도 있습니다. 하지만 대형쇼핑센터를 규제하는 법을 만들기 전에 대형쇼핑센터의 건립이 가져올 소형 상점의 피해에 대해 끊임없이 토론하면 법을 만들지 않아도 토론 그 자체만으로도 훌륭한 대안들이 만들어질 수 있습니다.

아래에 모 교수님의 강연 내용 중 일부를 소개합니다.

세종이 집권을 하니 농민들이 토지세 제도에 불만이 많다는 상소가 계속 올라옵니다. 세종이 물었습니다. "왜 이런 일이 나는가?" 신하들이 "사실은 고려 말에 이 토지세 제도가 문란했는데 아직까지 개정이 안 되었습니다" 하고 답했습니다.

세종의 리더십은 '즉시 명령하여 옳은 일이라면 현장에서 해결 한다'는 입장입니다. 그래서 개정안이 완성되었습니다. 세종12년 세종이 개정안을 조정회의에 걸었지만 조정회의에서 부결되었습니다. 왜 부결되었냐면 "마마, 수정안이 현행안보다 농민들에게 유익한 것은 틀림없습니다. 그러나 유익하다고 하여 농민들이 좋아할지 안 좋아할지를 조정은 알 수 없습니다."라고 했다고 합니다. "그러면 어떻게 하자는 말이냐" 하고 세종이 조정들과 고민하다 기발한 의견이 나왔어요.

"백성들에게 직접 물어봅시다." 그래서 세종12년 3월 5일부터 8월 10일까지 다섯 달 5일 동안 국민 투표를 실시했습니다. 그 결과 찬성 98,657 표, 반대 74,149표 이렇게 나옵니다. 찬성이 훨씬 많지요. 그래서 이 개정안을 세종이 조정회의에 다시 걸었지만 또 부결되었습니다. 왜냐하면 대신들의 견해는 이러했습니다. "마마, 찬성이 물론 많습니다. 그러나 74,149표라고 하는 반대도 대단히 많은 것입니다. 이 사람들이 상소를 내기 시작하면 상황은 전과 동일합니다."

세종이 "그러면 농민에게 더 유익하도록 2차 수정안을 만들어라" 해서 제2차 수정안이 완성되었습니다. 그래서 실시하자 그랬는데 또 부결이 됐어요. 그 이유는 "백성들이 좋아할지 안 좋아할지 모릅니다"였어요. "그러면 어떻게 하자는 말이냐" 하니 "작은 지역에 시범실시를 합시다" 하는 의견이 나왔습니다.

그래서 3년간 시범실시를 했습니다. 결과가 성공적이라고 올라왔습니다. 세종은 "전국에 일제히 실시하자"고 다시 조정회의에 걸었습니다. 그런데 조정회의에서 또 부결이 됐어요. "마마, 농지세라고 하는 것은 토질이 좋으면 생산량이 많으니까 불만이 없지만 토질이 박하면 생산량이 적으니까 불만이 있을 수 있습니다. 그래서 이 지역과 토질이 전혀 다른 지역에도 시범실시를 해봐야 됩니다." 세종이 그러라고 했어요. 다시 시범실시를 했고 그 결과는 성공적이라고 올라왔어요.

세종이 "전국에 일제히 실시하자"고 다시 조정회의에 걸었습니다. 하지만 또 부결이 됐습니다. 이유는 "마마, 작은 지역에서 이 안을 실시할 때 모든 문제점을 우리는 토론했습니다. 그러나 전국에서 일제히 실시할 때 무슨 문제가 나는지를 우리는 토론한 적이 없습니다." 세종은 이 안에 대해 토론할 것을 지시했고 세종 25년 11월에 안이 드디어 확정됩니다.

조선시대에 정치를 이렇게 했습니다. 세종이 백성을 위해서 만든 개정안을 백성이 좋아할지 안 좋아할지를 국민 투표를 해보고, 시범 실시를 하고, 토론을 한 끝에 13년만에 공포·시행했습니다.

대한민국 정부가 1945년 건립된 이래 과연 어떤 안을 13년 동안 이렇게 연구해서 공포·실시했습니까. 저는 '이러한 정신이 있기 때문에 조선이 500년이나 간 것이 아닌가' 하는 생각을 하고 있습니다.

대통령이
⟨나는 가수다⟩에서 배워야 할 것

　우리나라의 역대 대통령들은 선거 유세 과정에서 "실력을 갖춘 훌륭한 인재들을 발탁해서 국정을 운영하겠다"고 공약했습니다. 하지만 이런 약속은 어떤 정권 하에서도 이루어지지 않았고, 이제 국민들은 그렇게 되리라고 기대하지도 않습니다. 대선 후보들이 선거 과정에서 외친 '공정한 인재 발굴 시스템'은 언제나 대외 발표용이었고, 거의 모든 기관장들은 낙하산 인사로 채워져 왔습니다. 공정한 인재 발굴 시스템의 대명사인 공모제는 이미 낙하산으로 내정된 상태에서 형식만 공모의 형태를 띠고 있는 경우가 허다합니다. 훌륭한 인재들이 대통령과 같은 고향에서 태어나지 않았다는 이유, 동일한 학교를 나오지 않았다는 원인, 예배를 드리는 교회가 다르다는 사유로 자신이 평가받을 수 있는 기회를 원초적으로 봉쇄당하고 있다는 사실에 대다수의 국민들은 좌절하고 있습니다. 조금 더 논리를 비약시킨다면 이런 희망이 없는 미래가 우리나라의 자살률이 OECD 국가 중 가장 높은 이유가 될 수도 있습니다. 따라서 차기 대선주자는 공정한 인재 발굴 시스템만을 외칠 것이 아니라 구체적인 인재 발굴 시스템을 소개해야 할 것 입니다.

저는 구체적인 인재 발굴 시스템의 한 가지로 MBC의 〈나는 가수다〉와 KBS의 〈불후의 명곡〉 방식을 제안합니다. 2011년 봄, MBC의 〈나는 가수다〉는 폭발적인 인기를 얻으며 방송을 시작했습니다. 〈나는 가수다〉의 충성스러운 시청자는 중년 남성이었다는 시청률 조사 결과가 있었습니다.

왜 중년 남성들이 〈나는 가수다〉에 열광했을까요? 여러 가지 이유가 있겠지만 〈나는 가수다〉의 방송 시스템 때문이라고 생각됩니다. 초창기 〈나는 가수다〉 프로그램에는 매주 일곱 명의 유명한 가수들이 출전했습니다. 이들은 오직 청중의 평가에 의해서만 순위가 결정됩니다. 가수로서 평소의 평판은 필요 없습니다. 그래서 기라성 같은 가수 김건모도 탈락했고 대형 가수 인순이도 하차해야 했습니다. 〈나는 가수다〉에서 가수들이 살아남는 오직 유일한 방법은 자신의 노래 하나만으로 그 순간 그곳에 참석해 있던 청중을 감동시키는 것뿐입니다.

우리 국민들은 〈나는 가수다〉를 통해 새로운 경험을 했습니다. 지금까지 라이브 콘서트장의 주인은 가수였습니다. 하지만 〈나는 가수다〉에 출연한 가수들은 청중이라는 심판관 앞에서 평가를 받아야 하는 수험생으로 전락한 것입니다.

뒤이어 KBS에서도 〈불후의 명곡〉이라는 1:1 배틀 형식의 프로그램을 진행하고 있으며 지금도 매우 인기가 높은 프로그램입니다. 물론 '이런 형식의 프로그램이 올바른 콘서트 문화인가'에 대한 논란은 있습니다. 하지만 실력으로 사람을 평가하는 가장 효과적이고 강력한 수단이라는 점에는 의심의 여지가 없습니다.

우리나라가 지금 이 시점에서 더욱더 발전하는 길은 훌륭한 인재를 발굴하는 파격적인 시스템을 도입하는 것이라고 생각합니다. 그리고 그 방법의 하나로 〈나는 가수다〉 시스템을 도입할 것을 제안합니다. 지연, 학연, 기타 다른 인맥과는 전혀 상관없이 오직 실력 하나만으로 국가의 주요 보직에 발탁될 수 있는 시스템을 가진 나라는 희망과 비전이 살아 있는 나라입니다. 저는 대선주자들에게 〈나는 가수다〉 방식을 우리나라의 인재 발굴 시스템으로 채택해주기를 부탁합니다.

구체적인 방법을 말씀드리면, 예를 들어 '나가수 공사'의 사장을 뽑을 때 청문회를 실시하고 그것을 공사 내부의 방송망을 통해서 생방

송합니다.

　여기서 중요한 점은 심사위원들이 청문회 현장에서 각 후보자에 대한 채점 결과를 즉각 실명으로 발표한다는 것입니다. 물론 이 과정에서 정치권의 압력이 작용할 수 있습니다. 심사위원단 구성에 정치권의 입김을 배제할 수 없기 때문입니다. 하지만 심사위원 각자가 자신의 채점 내용을 공개한다는 것은 심사위원에게도 커다란 압력으로 작용합니다. 왜냐하면, 그에게는 '나가수 공사'의 심사위원으로 참여했다는 기록이 남습니다. 더구나 누구에게 몇 점을 주었는지까지 공개적으로 표시됩니다. 이 기록은 평생 그를 따라 다닙니다. 예를 들어 그가 국회의 청문회 대상일 때(예를 들면 장관에 임용될 때) 이 기록은 결정적으로 그를 어렵게 만들 수 있습니다. 만약 그가 '나가수 공사' 사장 선임 심사위원으로서 가장 높은 점수를 주어 사장으로 선임된 사람이 능력이 없는 인사로 밝혀지면 아마도 그는 자신의 청문회장에서 적지 않은 수모를 당할 것입니다.

대통령에 당선되는 순간, 당적을 포기하자

　　2016년 10월 박근혜 대통령은 자신의 "임기 중에 개헌을 마무리하 겠다"고 했습니다. 또 최순실 국정농단 사태 이후 개헌 논의가 활발 해졌습니다. 그 논의 중에는 현재의 대통령 5년 단임제를 바꾸거나 대통령중심제를 내각책임제로 바꾸는 것도 포함돼 있습니다. 물론 검 토되고 있는 각각의 방안들은 나름대로 많은 고민에서 나온 것으로 풀이됩니다. 여당과 야당이 국익과는 상관없이 각 당의 이익만을 위 해 극하게 대립하고 있는 현재의 정치 풍토를 바꾸자는 취지로 개헌 론이 왕성하게 고개를 들고 있는 것만큼은 부인하기 힘든 사실일 것입니다.

하지만 박근혜 대통령의 뜻과 달리 임기 중에 개헌이 이루어지지 않을 가능성을 말하는 사람도 적지 않습니다. 만약 이렇게 된다면, 다음번 대통령 선거에서는 후보자들이 합의하여 개헌을 하기 전 중간 단계를 거쳐보는 것은 어떨지 조심스럽게 제 견해를 피력해봅니다.

2017년 대통령 선거에 출마하는 후보자가 다음과 같은 공약을 하고 그것을 실천하는 것입니다. "대통령에 당선되는 순간, 당적을 포기하겠다"는 것입니다. 물론 이것은 대통령중심제의 원칙에 맞지 않습니다. 원래 대통령중심제는 특정 정당의 출신이 그 정당을 대표하여 정책을 내걸고 국민들로부터 신임을 받아 대통령이 되어 그 정당원들을 주축으로 국정을 책임지고 수행하는 것입니다.

대통령중심제의 대표적인 케이스가 미국입니다. 미국은 그동안 대통령중심제를 잘 운영해왔습니다. 그런데 미국도 이제는 한국과 비슷한 문제를 안고 있습니다. 국익과는 상관없이 각 당의 이해를 위해 정치인들이 다툼을 벌이고 있습니다. 즉 한미 양국 모두 대통령제의 폐단을 경험하고 있습니다. 이런 일은 내각제의 대표 국가 영국에서도 벌어지고 있습니다. 그래서 저는 새로운 정치 제도를 본격적으로 도입하기에 앞서서 중간 단계를 한번 거쳐보자는 것입니다.

매 정권마다 야당은 "탕평 인사" 또는 "거국내각"을 외칩니다. 이런 일은 어떤 당이 집권을 하든 반복됩니다. 따라서 다음번 대통령은 집권 초기부터 "탕평 인사"와 "거국내각"을 부담 없이 실시할 수 있도록 해보자는 것입니다. 그동안 대통령이 당적을 포기한 적이 한두 번 있었던 것으로 기억됩니다. 하지만 이때는 거의 임기가 끝나갈 무렵 대통령 본인이 정치적으로 코너에 몰렸을 때입니다. 즉 실효성 있는 "탕평 인사"와 "거국 내각"을 실현할 수 없었습니다. 저는 정치적인 식견이 짧아서 더 이상 언급하는 것에 한계를 느낍니다. 커다란 조직일수록 제도를 바꾸기 전에 시뮬레이션이 필요합니다. 개헌은 헌법을 바꾸는 것입니다. 제 제안은 헌법을 바꾸기 전에 시뮬레이션을 한 번 해보자는 것입니다.

그리고 마지막으로 한마디 더 첨언합니다. 대통령이 되기 위해 이 당 저 당 옮겨 다니는 인사들이 있습니다. 이것은 우리나라의 정당들은 이념이나 정책에 커다란 차이가 없다는 반증일 수 있습니다. 따라서 대통령에 당선되는 순간 당적을 포기해도 그다지 큰 문제가 없을 듯합니다.

부패하고 무능한 보수,
사악하고 무능한 진보

언론계에서 30년 넘게 일하면서 제가 느낀 소감은 우리나라 지도층을 살펴보면 '보수는 부패하며 무능하고, 진보는 사악하며 무능하다'는 것입니다. 이 두 집단 간의 다른 점은 '부패'와 '사악'이며, 공통점은 '무능'입니다. 물론 보수 진영에 청렴하고 유능한 사람이 있으며, 진보 진영에도 착하면서 유능한 사람이 있을 수 있습니다. 하지만 불행하게도 저는 지도층에서 이런 사람들을 거의 만나보지 못했습니다.

따라서 저는 소위 지도층을 거의 믿지 않습니다. 제가 존경했던 또는 지지했던 사람이 어느 날 갑자기 부패하거나 사악한 사람으로 밝혀졌을 때 정신적인 허탈감이 들고 큰 충격에 빠집니다. 그래서 저는 사람을 판단할 때, 특히 지도층을 판단할 때 사용하는 저만의 방법이 있습니다. 그것은 그 사람이 얼마나 '사실(fact)'에 충실한가를 살펴보는 것입니다.

영화나 드라마에서 연인들이 헤어질 때 흔히 사용하는 문장이 있습니다. "사랑하니까 헤어졌다"는 말입니다. 여러분은 이 문장에서 진실(truth)은 무엇인지 알 수 있습니까? 정답은 '진실은 모른다' 입니다. 정말로 사랑하니까 헤어졌는지, 아니면 지겨워서 헤어졌는지, 헤어지자고 말한 당사자만이 그 진실을 압니다. 하지만 "사랑하니까 헤어졌다"는 이 문장에서 변함없는 한 가지가 있습니다. 그것은 "헤어졌다"는 '사실'입니다. 따라서 진실보다 더 중요한 것은 사실입니다.

사실을 왜곡하는 사람은 부패거나 사악한 사람입니다. 부패하거나 사악한 사람은 반드시 무능합니다. 자신의 부패함과 사악함을 감추기 위해서는 올바르게 공적인 일을 처리할 수 없습니다. 공인이 올바르게 일을 처리하지 못하면 그것이 곧 무능으로 연결됩니다.

의사는 환자들의 상태를 살펴서 그 환자가 어떤 병을 앓고 있는지 정확하게 알아내려고 노력합니다. 그래서 CT 또는 MRI와 같은 진단 장비를 동원하거나 직접 환자의 몸에서 피를 뽑아 검사합니다. 즉 의사는 가능한 한 오진을 하지 않으려고 합니다. 아마 전 지구상의 의사들 중 일부러 오진을 하려고 노력하는 의사는 없을 것입니다.

사회 지도층 인사는 그 사회가 가지고 있는 사회적 병리 현상들을 정확하게 파악하여 그것을 바로잡을 수 있는 위치에 있는 사람들입니다. 그런데 사회 지도층 인사들 중 많은 사람이 일부러 오진을 하고 있습니다. 우리나라의 대표적인 지도층 인사는 정치인, 대학 교수, 언론인 등입니다. 이런 지도층 인사들 중 많은 사람들이 통계수치를 조작하거나 누락시키고, 심지어 외국의 참고자료를 아전인수격으로 해석합니다. 의사는 환자의 상태를 살피기 전에는 진단을 내리지 않습니다. 하지만 다수의 지도층 인사들은 충분히 조사를 하지도 않고 사회적 질병을 진단하고 처방을 내립니다. 의사를 예로 들면, 자신과 정치적 성향이 같은 환자에게는 "체했다"는 진단을 내리고 자기와 정치적인 견해를 달리하는 환자에게는 "당신은 암입니다"라고 말하는 것과 같습니다.

우리는 자신이 좋아하는 정치인과 언론인을 신뢰하는 경향이 있습니다. 그러나 조심해야 합니다. 자신이 좋아하는 정치인과 언론인이 '사실'을 왜곡하고 있는 건 아닌지 끊임없이 관찰해야 합니다.

일반 소시민은 정치인과 언론인이 통계수치를 조작하거나 누락시키는지 알아내기가 쉽지 않습니다. 그럼에도 불구하고 자신이 지지하는 정치인과 언론인을 의혹의 눈초리로 바라보아야 합니다. 이런 일을 게을리하면 자신이 암 3기 환자인데도 감기라고 진단을 내리는 의사를 좋아하는 것과 다름없습니다. 이것이 오늘날 소시민의 비극

입니다.

　말을 잘하는 또는 말쑥하게 생긴 정치인과 언론인은 특히 조심해야 합니다. 그들은 그들이 가지고 있는 언변과 외모로 사실에 충실하는 데 드는 노력을 대신합니다. 사실을 찾아내는 데는 적지 않은 노력이 따릅니다. 하지만 타고난 언변과 외모는 이런 수고를 대신할 수 있습니다. 오히려 노력이라는 고통보다는 인기라는 달콤함을 맛볼 수 있습니다.

　저는 여러분에게 꼭 말씀드리고 싶습니다. 정치인과 언론인을 무작정 신뢰하지 마시기 바랍니다. 특히 말을 잘하거나 외모가 말쑥하게 생긴 지도층 인사는 더욱더 믿어서는 안 됩니다. 이 글을 읽고 있는 정치인과 언론인 중 적지 않은 사람이 뜨끔할 것입니다. 하지만 이들은 자신이 사실을 왜곡하는 나쁜 정치인이나 언론인임을 고백하지 않으려 합니다.

우리에게
진짜 필요한 지도자

태풍이 몰아칠 때 가장 안전한 곳은 어디일까요? 바로 태풍의 중심, 즉 태풍의 핵입니다.

수년 전 남해 연안에 정박된 수십 척의 어선이 태풍으로 파손된 일이 있었습니다. 어부들은 태풍에 대비해 만들어두었던 방파제에 어선을 묶어놓았습니다. 그런데 태풍은 예상보다 거칠게 해안을 몰아붙였고, 방파제에 피신해 있던 어선들은 꼼짝 못하고 피해를 당했습니다. 이때 한 선장이 묶여 있던 배를 풀고 바다 한가운데로 나가기 시작했습니다. 그는 방파제가 태풍을 막아줄 수 없다고 판단했고, 그의 예측대로 방파제는 바람을 이기지 못하고 무너졌습니다. 물론 방파제 안에서 피신 중이던 선박은 모두 파손됐습니다. 유일하게 바람의 방향을 거슬러 넓은 바다로 나간 배만 부서지지 않았습니다. 연안에 가까울수록 파도의 높이는 높아집니다. 어차피 피할 수 없는 바람이라면 방파제를 포기하고 높은 파도를 안고 넓은 바다로 나간 선장의 판단은 현명했습니다.

전 중앙정보국(CIA) 부국장 출신의 레이 클라인 박사는 '국력(國力) 계산 공식'이라는 공식을 만들었습니다. 해당 국가의 힘을 수치로 표시하는 공식입니다. '대학 입학 수학능력시험도 아니고 한 나라의 국력을 점수로 표시한다는 것이 가능할까'라는 의심이 들지만 그는 한 나라의 힘을 다음과 같은 공식으로 측정할 수 있다고 했습니다.

$$P = (C+E+M)(S+W)$$

P = 국력, C = 국토와 인구, E = 경제력,

M = 군사력, S = 전략, W = 국민의 의지

이 공식의 핵심은 미국이 왜 베트남 전쟁에서 패했는지를 보여주는 데 있습니다. 미국은 국토, 인구, 경제력, 군사력에서 베트남과는 비교할 수 없을 만한 월등한 우위를 차지하고 있었습니다. 그런데 베트남전에서 패했습니다. 미국은 베트남 전쟁에 임하는 치밀한 전략이 없었으며 미국 국민은 싸울 의지가 없었습니다.

앞의 공식에 따르면 대한민국의 국력은 어느 정도일까요? 이 질문은 우문입니다. 국가의 전략과 국민의 의지에 따라 국력이 달라지기 때문입니다. 2008년 이후 세계 경제는 활력을 잃었으며 우리 경제도 여러 가지 부분에서 경고등이 켜지고 있습니다. 물론 국민들의 의지력도 약해지고 있습니다. 전략은 지도자가 수립하는 것이고 의지는 국민의 몫입니다. 그런데 국민의 의지를 북돋아줄 수 있는 것은 지도자가 수립하는 전략입니다. 즉 지도자가 중요합니다.

지도자는 두 가지 일을 해야 합니다. 첫째는 자신이 공부를 해야 하고, 둘째는 국민들도 지성인이 될 수 있도록 유도해야 합니다.

베트남 전쟁을 승리로 이끈 베트남의 지도자는 '호치민(胡志明)'이라는 사람입니다. 그는 미국을 비롯한 자유민주주의 국가에서도 인정하는 탁월한 전략가입니다. 호치민은 베트남이라는 국가의 장래를 걱정하면서 전쟁 중에도 많은 공부를 했습니다. 그가 읽은 책의 목록 중에는 다산 정약용 선생의 《목민심서(牧民心書)》도 있습니다.

미군과 싸우고 있는 호치민에게 북한의 김일성이 전쟁을 이길 수 있도록 도와주겠다고 제안했습니다. 그러나 그는 이렇게 답했습니다. "우리는 외국의 도움 없이도 미국과의 전쟁에서 이길 수 있다. 내가 염려하는 것은 전쟁에서의 승리 이후 우리 국민들의 생활이다. 김일성 당신이 정말로 베트남을 도와줄 의사가 있다면 유학생을 받아 달라." 이렇게 호치민은 미국과의 전쟁 중에도 중국과 북한 등 여러 나라에 유학생을 보냈습니다. 이 유학생들이 오늘날 베트남을 이끌어가고 있습니다.

다음번 선거에서 우리는 훌륭한 지도자를 선택해야 합니다. 어떤 지도자가 훌륭한 지도자일까요?

첫째는, 앞서 태풍이 부는 바다로 배를 몰고 나간 선장처럼 혜안(慧眼)을 가지고 있는 사람이어야 합니다. 둘째는, 전략적 사고에 필요한 기본적인 지식이 있어야 하며, 본인이 부족하다고 느끼면 스스로 도움을 요청할 수 있는 겸손한 자세를 가지고 있어야 합니다. 셋째는, 국가의 주요 현안에 대해 국민들이 이성적으로 판단할 수 있도록 설득할 수 있는 지혜로운 능력을 가지고 있어야 합니다. 표를 의식하여 국민을 선동하는 행위를 해서는 안 된다는 것입니다. 즉 다음번 선거에서 우리가 선택해야 할 지도자는 혜안, 지식, 지혜를 겸비한 사람이어야 합니다.

그러면 국민들은 후보자 중 누가 혜안, 지식, 지혜를 가지고 있는지 알아낼 수 있을까요? 지혜로운 사람만이 그런 사람을 골라낼 수 있습니다. 즉 지혜로운 국민만이 훌륭한 지도자를 선출할 수 있습니다.

한 나라의 지도자는 그 나라 국민이 얼마나 지혜로운가를 보여주는 척도입니다. 우리가 과거의 지도자에 실망했다면 그것은 바로 우리가 후보자의 고향, 학교, 종교만 보고 투표를 했기 때문입니다.

원자폭탄만 있다면
안심할 수 있을까요?

겸손한 제안 [국방 · 언론] 편

남녀 모두
군대에 갑시다

　사회의 일각에서 징병제와 모병제를 놓고 서로의 지지 입장을 설명하고 있습니다. 각자의 주장에는 나름대로 합리적인 요소를 가지고 있습니다. 그러나 저는 이 문제를 좀 더 큰 틀에서 풀어보려 합니다. 저는 우리나라 병역 제도를 다음과 같이 바꾸었으면 합니다.

　첫째, 모든 병역 특례 제도를 폐지합니다. 또 신체가 건장한 사병이 장교 식당이나 PX에 근무하는 일도 없어져야 합니다.

　둘째, 명백한 정신질환자나 걸어다닐 수 없는 사람을 제외하면 모두 군대에 가야 합니다.

셋째, 대한민국의 여성 또한 군대에 가야 합니다. 우리나라는 이스라엘과 마찬가지로 안보가 취약한 나라입니다. 그동안 국방의 상당 부분을 미국에 아웃소싱 해왔습니다. 그러나 언제까지나 국방을 미국에 아웃소싱 할 수는 없습니다. 또 미국이 영원히 우리의 우방으로 남아 있어 줄 것인가도 의문입니다. 따라서 유사시에 전 국민이 모두 전투를 할 수 있어야 합니다. 우리나라의 인구는 앞으로 계속해서 줄어듭니다.

넷째, 남녀 사병의 의무 복무 기간을 6개월로 합니다. 6개월이라는 시간은 국가가 한 개인에게 그렇게 많은 희생을 요구하는 시간은 아닙니다. 6개월 정도면 남녀 모두 국가를 위해 봉사할 만한 정도의 시간입니다.

다섯째, 6개월의 사병 의무 복무 기간을 마친 사람에 한해 직업군인을 선택할 수 있게 합니다. 사관학교 등 장교가 되려는 사람들도 의무 복무 기간을 마친 사람에 한해서 기회가 주어져야 합니다.

여섯째, 어떤 이유로든 군에 다녀오지 못한 또는 다녀오지 않은 사람에게는 선출직 공무원이 될 수 있는 자격을 주어서는 안 됩니다. 즉 장관은 될 수 있어도, 국회의원과 대통령은 될 수 없게 해야 합니다. 본인의 신체 상태가 병역 면제 사유에 해당된다 하더라도 국회의원이나 대통령과 같은 국가의 지도층 인사가 되려는 꿈을 가진 젊은이는 자발적으로 군에 가야 합니다. 2010년 11월 23일, 북한으로부터 연평도를 포격당한 뒤 청와대 지하 벙커에서 열린 안보 관련 회의에 참석한 인사 중에 군대를 다녀온 사람은 국방장관 한 명이었습니다. 물론 당시의 대통령도 병역 면제자였습니다. 허리가 아프다고 또는 발가락 한두 개가 조금 짧다고 해서 군대에 가지 못할 이유가 없습니다.

모 광역단체장은 아들의 병역 문제로 취임 초기부터 시달렸습니다. 아들은 지금 외국에 유학 중입니다. 그런데 그 단체장은 대통령에 출마할 뜻이 있는 것처럼 보입니다. 그렇다면 지금이라도 아들을 군대에 보내야 합니다. 여기서 문제의 핵심은 단체장의 아들이 신체검사 당시에 면역 면제 사유에 해당됐는가가 아닙니다. 진정으로 중요한 점은 자신의 아들이 병역 면제 사유에 해당됨에도 불구하고 대한민국의 국토방위를 위해 아들을 군에 보내는 모범을 보이지 못했다는 것입니다. 모택동의 아들은 한국전에 참전했다가 사망했습니다.

저는 여기서 제안합니다. 해당 단체장이 대통령에 뜻이 있다면 지금이라도 아들을 군에 보내기를 권유합니다.

원자폭탄만 있다면
안심할 수 있을까요?

원자폭탄이 무서운 이유는 엄청난 파괴력 때문입니다. 인류가 발명한 그 어떤 무기보다 원자폭탄은 위력이 대단합니다. 우리 사회의 일각에서는 북한의 원폭에 맞서기 위해서 우리나라도 원폭을 개발해야한다는 주장이 있습니다. 그 이유는 원자폭탄의 공격을 막아낼 수 있는 재래식 무기가 없기 때문입니다. 그러나 우리가 원자폭탄을 개발하는 것에 현실적인 어려움이 따릅니다. 과연 우리가 주변국의 반대(경우에 따라서는 제재)를 무릅쓰고 NPT(핵확산금지조약)에서 탈퇴할 수 있는가 하는 것입니다.

원자폭탄은 엄청난 폭발력 이외에도 방사능이 주는 피해가 있습니다. 여기서 우리는 원자폭탄의 폭발력과 방사능 중 어느 것이 더 두려운지에 대해 냉철하게 분석할 필요가 있습니다.

미국 영화에서는 테러리스트들이 소형의 핵무기를 훔치는 장면이 자주 등장합니다. 물론 폭발되기 전에 대부분 제임스 본드 같은 용감한 첩보원에 의해 제거됩니다. 테러리스트들이 손쉽게 훔칠 수 있는 소형 배낭에 들어가는 정도의 크기를 가진 핵무기는 그 위력이 생각보다 크지 않습니다.

최근 북한은 TV로 평양에서 보병들이 핵배낭 비슷한 것을 메고 열병식을 하는 장면을 방영한 일이 있습니다. 군사 전문가들은 아직 북한은 원자탄을 배낭에 넣을 정도로 소형화하지는 못했다고 분석하고 있습니다. 미국 정부가 두려워하는 것에는 미사일로 운반돼 날아오는 원자폭탄뿐만이 아니라 테러리스트들이 소형 핵폭탄을 배낭에 넣고 사람들이 많이 모이는 장소에서 자폭하는 것도 포함됩니다.

이 경우 소형원자폭탄의 파괴력보다는 원자폭탄이 폭발하면서 나오는 낙진과 방사능이 더 두려울 수 있습니다. 소형 원자폭탄은 비록 폭발력은 적지만 도시 전체를 공포로 몰아넣을 수 있다는 점에서 비용 대비 효과가 큰 무기입니다. 즉 도시 전체 또는 국가 전체를 공포로 몰아넣는 것이 목적이라면 비싼 원자폭탄을 사용할 필요는 없습니다. 미국은 이런 폭탄을 더티 범부(Dirty Bomb)라고 부릅니다.

저는 여기서 조금 다른 각도의 이야기를 해보려고 합니다. 우리가 원자폭탄을 만드는 일은 주변국의 동의를 얻거나 주변국의 제제를 감수하지 않으면 불가능합니다. 우리가 현실적으로 엄청난 위력의 원자폭탄을 만들 수 없다면 대신 방사능 물질을 목표물의 상공에 넓게 퍼트릴 수는 있는 방법을 강구할 수 있습니다. 물론 파괴력은 없지만 적국의 국민을 공포로 몰아넣는다는 점에서는 오히려 원자폭탄보다 더 위협적일 수 있습니다.

문제는 첫째 우리가 방사능 물질을 가지고 있는가하는 점이고, 둘째는 그 방사능 물질을 목표 지점까지 나를 수 있는 미사일이 있는가하는 것입니다.

두 번째 질문에 대한 답변을 먼저 드립니다. 우리는 사거리 1,500킬로미터의 크루즈 미사일과 사거리 500킬로미터의 탄도 미사일을 실전 배치하고 있습니다. 즉 우리는 우리를 파괴하기 위해서 원자탄을 발사하려는 세력과 그것을 뒤에서 방조한 세력들을 한순간에 위협할 수 있는 운송수단을 가지고 있습니다.

그렇다면 제일 중요한 문제인 '우리가 방사능 물질을 가지고 있는가' 하는 것에 초점이 모아집니다. 여기서 저는 더 이상 언급을 하지 않는 것이 국익을 위해서 필요하다고 생각합니다. 하지만 경주 방폐장에 묻혀 있는 폐기물은 저준위 폐기물이라는 점만은 확실합니다. 그렇다면 고준위는? 여러분의 상상에 맡깁니다.

마지막으로 책을 한 권 소개해드립니다. 《대통령을 위한 물리학》이라는 제목의 책입니다. 저자는 UC버클리 대학교의 리처드 뮬러 교수입니다. 이 책의 서문에는 다음과 같은 내용이 있습니다.

"그렇다면 당신은 아직 세계적인 지도자가 될 준비가 안 되었다는 뜻이다. 세계적인 지도자가 되려면 당연히 이런 이슈들에 대해서 이해하고 있어야 한다. 테러리스트들이 방사능 폭탄을 맨해튼 한가운데에 설치했다는 소식을 접하고 난 후에야 과학 자문을 불러 상황이 얼마나 심각한지 물어보는 것은 현명하지 못하다. 또는 최악의 상황을 가정하고 다른 일에 들어갈 정부의 자원까지 모두 끌어다 이 상황을 대처하는 것도 별로 좋은 선택은 아니다. 지도자라면 이런 상황에 현명하게, 빠르게, 적절하게 대처할 수 있을 만큼의 지식을 갖춰야 한다."

프린스턴 대학교 앤서니 지 교수는 이 책을 다음과 같은 문장으로 추천하고 있습니다.

"대통령, 혹은 지식인 사회에서 리더를 꿈꾸는 사람, 또한 그런 지식이 있는 사람을 리더로 삼고자 하는 사람이라면 이 책을 읽어야 한다. 언젠가는 대통령 후보 토론회에서 이 책의 내용을 바탕으로 한 논쟁이 등장하기를 바란다."

중국의 한반도 비핵화에
대한 속마음

45대 미국 대통령에 당선된 트럼프 당선자는 선거 유세 과정에서 "한국과 일본의 핵무장을 막을 아무런 이유가 없다"고 말한 바 있습니다. 북한의 핵무기 개발과 관련하여 미국은 물론이고 한반도 주변 관련국들의 입장을 파악하는 것은 매우 중요하다고 생각됩니다. 관련국들 중에서도 중국의 기본 속내를 파악하는 것이 가장 중요합니다.

원래 중국인들은 자신의 속내를 잘 드러내지 않습니다. 제가 조심스럽게 북한의 핵무기와 관련하여 중국 정부의 진정한 속셈을 가늠해 보았습니다. 여기서 제가 중국 정부의 속내를 가늠해볼 수 있는 근거는 여러분들이 접하는 것과 다르지 않습니다. 언론을 통하여 매일 접하는 중국 관련 뉴스와 중국과 관련된 몇 권의 책입니다. 따라서 추측에 불과합니다. 하지만 저는 좀 특이한 견해를 조심스럽게 여러분께 말씀드리고 싶습니다.

중국은 진정으로 한반도의 비핵화를 원하지 않을 수도 있습니다. 중국은 남한도 핵무기로 무장하기를 희망할 수도 있습니다. 즉 남북한 모두 핵을 가지고 있으면 한반도에서 어느 일방이 무력으로 영토를 침범하려는 시도를 하지 않을 것이라고 보는 것입니다. 그 이유는 한반도의 분단을 고착시키는 것이 중국의 이익에 부합된다고 생각하기 때문입니다.

중국은 한국이 핵무기를 갖는다면 반대하는 척하면서 환영하리라고 생각합니다. 그리고 남한 정부에게 핵무기를 가졌으니 미군은 남한에서 철수해도 된다는 논리를 펼 것입니다. 실제로 남한이 핵무기로 무장을 하면 남한 내부에서도 재래식 무기에 의한 국토방위가 비경제적이라는 여론이 형성될 것이고, 그것을 바탕으로 안보를 상당부분 미국에 아웃소싱 하고 있는 현실을 경제적으로 따져보자는 주장이 대두될 수 있습니다.

책을 한 권 소개해드립니다. 2010년 세종연구소 김기수 연구실장이 쓴 《중국 도대체 왜 이러나》라는 제목의 책입니다. 저자는 이 책에서 중국이 주변국을 다루는 일정한 패턴이 있음을 설명합니다.

첫째, 덩치가 커서 중국과 정면으로 경쟁할 수 있는 국가에 대해서는 일단 정면으로 맞서는 척하고 뒤로는 이이제이(以夷制夷) 정책을 구사하는데, 소련과 인도가 대표적이다.

둘째, 덩치는 작으나 똑똑하고 끈질겨서 요주의 대상인 국가에게는 분리·지배정책(divide and rule)을 구사한다. 한국과 베트남이 대표적이다.

셋째, 아주 작아 힘이 별로 없는 국가는 무자비하게 점령하는 정책을 쓰는데, 티베트가 대표적이다.

넷째, 나머지 국가들에 대해서는 무관심한 척한다.

위안부 문제와 국가의 이익, 분리해서 생각하면 어떨까요?

국어사전에서 '앓이'라는 단어를 찾아보면 '누군가를 그리워하는 등의 감정으로 인해 감기를 앓듯 그 누군가에게 빠져듦'이라고 정의되어 있습니다.

2001년 〈겨울연가〉라는 드라마가 방영됐습니다. 남자 주인공은 배용준 씨였고, 여자 주인공은 최지우 씨였습니다. 이 드라마는 일본에서도 방영됐는데 일본 열도의 많은 분들이 '배용준 앓이'를 할 정도로 그 인기는 대단했습니다. 도쿄 시내 한식집에서 배용준 씨와 최지우씨의 커다란 사진을 걸어두고 영업을 하면, 매출이 20~30퍼센트씩 올라갈 정도였습니다.

배용준 씨가 일본 공항에 도착하면 공항 주변 교통이 마비될 정도로 많은 인파가 몰려들었습니다. 한번은 배용준 씨가 사람들의 환호 속에서 공항 입국장을 빠져나올 때 한 일본 남자가 질문했습니다. "독도는 한국 땅입니까, 아니면 일본 땅 입니까?" 배용준 씨는 이 질문을 잘 피해갔습니다.

이웃과 친하게 지내는 사람은 있어도, 인접 국가와 잘 지내는 나라는 별로 없습니다. 수천 년 동안 서로 영향을 주고받았던 한·일 관계를 단지 수십 년 또는 수백 년의 역사로만 판단할 수는 없습니다. 왜냐하면 한국과 일본은 앞으로도 영원히 가까운 거리를 사이에 두고 살아야 하기 때문입니다. 우리는 일본의 해적(倭寇)이 침입하여 고려와 조선 사람들에게 많은 피해를 준 사실을 역사 시간에 배웠습니다. 해적에 관한 한 영국 해적을 따라갈 해적은 없습니다. 따라서 영국에는 해적에 대한 연구가 다른 나라보다 잘돼 있습니다. 앵거스 컨스텀이라는 영국 사람이 《해적의 역사》라는 책을 출판했습니다. 이 책 속에서 다음과 같은 문장을 발견했습니다.

저 멀리 동북아시아에 '신라'라는 나라가 있었다. 신라의 해적은 천 년 동안 일본을 괴롭혔다. 그래서 일본은 지역별로 자위대를 조직했다.

앵거스 컨스텀이 주장이 맞다면, 당시 일본의 지역별 자위대는 '싸

울아비' 즉 '사무라이'일 가능성이 높습니다.

우리나라 사람이 일본인에 대해 괘씸하게 생각하고 있는 부분은 제 2차 세계대전 중 저지른 위안부 문제에 대하여 진정성 있는 사과를 하고 있지 않다는 데 있습니다. 더구나 우리가 도저히 이해할 수 없는 것은 '일본인 개개인은 친절하고 예의가 바른데 왜 위안부 문제만큼 은 사과를 거부하는가' 하는 것입니다.

결론을 미리 말씀드리면 일본은 위안부 문제에 쉽사리 사과하지 않 을 것이라는 것이 제 견해입니다. 즉 '일본은 앞으로도 오랜 기간 동 안 위안부 문제에 대해 사과를 하지 않을 것이라는 것'을 전제로 대일 외교관계 전략을 짜야 한다는 것입니다. 만약 일본 정부가 위안부를 강제로 동원했다는 것을 시인하게 되면 그들은 '성범죄 국가'라는 프 레임 속에 갇히게 됩니다.

홍보 수단 중에는 '프레임 전략'이라는 것이 있습니다. 예를 들면 미국의 부시 대통령이 북한을 지칭할 때 반드시 '북한'이라는 단어 앞 에 '악의 축'이라는 단어를 붙여서 사용했습니다. 북한을 '악의 축' 속 에 가둬두는 전략입니다.

일본이 위안부 문제에 대해 가장 두려워하는 점은 위안부를 일본 정부가 강제로 동원했다는 것이 외부로 알려지는 것입니다. 일본인 개인이 아닌, 일본이라는 나라가 성범죄를 저질렀다는 사실 만큼은 피하고 싶은 것입니다. 그래서 일본은 일본 대사관 앞의 소녀상에 대해 극도의 알레르기 반응을 보이는 것입니다. 일본 대사관 앞 소녀상은 '성범죄국가 일본'이라는 프레임을 시각적으로 보여주고 있습니다. 또 이미 우리 한국인의 머릿속에는 일본은 성범죄국가라는 프레임이 뿌리 깊게 자리 잡고 있습니다.

여기서 우리는 중요한 논의를 할 필요가 있습니다. '성범죄 국가 일본'이라는 프레임을 우리 스스로가 풀어주어야 할 이유가 있을까요? 이런 프레임을 우리 스스로가 앞장서서 풀어주는 데 우리 국민의 몇 퍼센트가 동의할까요? 과연 일본이 얼마나 사과를 해야 '성범죄국가 일본'이라는 프레임을 풀어줄 수 있을까요?

일본 정부는 제2차 세계대전 중 국가가, 즉 천황이 정신대를 운용했었다는 사실을 절대로 시인하지 못합니다. 여기서 왜 일본이 자신의 잘못을 인정하지 못하는지에 대해 탁월한 분석을 한 글이 있어서 소개합니다. 이 글의 저자는 피부과 의사 이성낙 씨입니다. 2015년 5월 이성낙 씨가 신문에 기고한 '미술사로 본 아베 일본 총리의 역사 민낯'이라는 글을 소개해드립니다.

미술사로 본 아베 일본 총리의 역사 민낯

근래 과거사에 대한 아베 일본 총리의 '막무가내'식 행보가 도를 넘어도 한참 넘어섰다는 생각에 "어쩌면 그렇게도 정직하지 않을까?"라는 질문을 던지지 않을 수 없습니다. 일본을 방문하는 여행객은 대체로 일본 사람 개개인은 친절할 뿐만 아니라 정직하다는 인상을 받는 데도 불구하고 말입니다. 더욱이 잘 이해되지 않고 혼란스러운 것은 개개인이 아닌 일본 사회가 부끄러운 과거사에 대해 아주 철저하게 '모르쇠'로 일관하고 있다는 점입니다.

그래서 필자는 일본 사람 개개인은 정직할지 몰라도 일본 사회는 전혀 그렇지 않다는 생각을 하게 되었습니다. 그리고 그건 아마도 일본 사람이 우리와 다른 '올바름의 잣대'를 갖고 있기 때문이 아닐까 싶습니다. 한일 양국의 초상화에 나타난 차이처럼 말입니다.

필자가 조선시대 초상화를 분석 연구한 결과, 우리 초상화에서는 다양한 피부 병변을 어렵지 않게 확인할 수 있었습니다. 분석 자료 518점 중 73점(14.09퍼센트)의 초상화만이 아무런 피부 증상 없는, 즉 깨끗한 얼굴 피부를 보였을 뿐입니다. 요컨대 우리 초상화 중 약 85퍼센트가 각종 '비정상적인 것'을 숨김없이 묘사하고 있습니다. 이를테면 사시(斜視), 실명(失明) 외에도 노인성 병변(病變)인 '검버섯' 같은 흔한 피부 병변은 물론 결코 '아름답지 않은' 천연두반흔(天然痘瘢痕, 마마 자국)과 함께 피사인(被寫人)이 만성간경화증(慢性肝硬化症)을 앓다가 사망했음을 임상적으로 추정할 수 있을 만큼 초상화의 얼굴을 짙은 흑갈색으로 묘사한 것을 어렵지 않게 볼 수 있습니다. 즉 조선 초상화에서는 티끌만큼도 '흠'을 감추려는 흔적을 찾아볼 수 없습니다. 이는 세계 초상 미술사에서도 유례가 없을 정도입니다.

물론 초상화 문화는 일본에도 있습니다. 하지만 일본의 초상화는 우리의 것과 달라도 이상하리만큼 너무 다릅니다. 일본 초상화에서는 어떤 피부 병변도 확인할 수 없습니다(고승의 초상화 예외). 이는 일본 초상화 속의 얼굴이 예외 없이 하얗게 분장(粉牆)을 했기 때문입니다. 대표적 사례로 도요토미 히데요시(豊臣秀吉, 1537~1598)의 초상화(도쿄 고다이지 소장)와 도쿠가와 이에야스(德川家康, 1543~1616)의 초상화(교토 대학교 박물관 소장)를 들수 있는데, 둘 모두 안면을 백색으로 처리했습니다. 그런데 두 피사인의 사인(死因)을 추적해보면 만성간경화증으로 생을 마감했다는 걸 알 수 있습니다. 그렇다면 조선 초상화처럼 얼굴을 황달(黃疸)이나 흑달(黑疸)을 직감할 수 있는 흑갈색으로 묘사했어야 하는데 전혀 그러지 않았습니다. 우리 초상화와 달리 일본 초상화에서는 '숨김의 의도'를 강하게 엿볼 수 있습니다.

　한국과 일본의 초상화를 비교하면, 조선 초상화는 화가가 피사인의 얼굴을 '있는 그대로, 보이는 그대로' 근거 바탕(evidence based) 정신에 입각해 그렸고, 일본 초상화는 화가가 '있음에도 못 본 듯' 피사인을 그렸다는 걸 알 수 있습니다. 이는 우리의 전통 화법(畵法)과 사뭇 다른 점이기도 합니다.(註: 필자의 박사 학위 논문 〈조선시대 초상화에 나타난 피부 병변 연구〉 중에서)

　여기서 필자는 근래 우리 사회의 거침없는 '까발리기' 정서와 조선 시대 화가의 '있는 그대로, 보이는 그대로' 초상화 기법을 조선의 선비 사회가 너무도 당연하게 받아들였다는 사실을 주목하고자 합니다. 반면, 일본의 경우는 '있는 것을 외면하고, 보이는 것을 못 본 척하는' 정서가 강합니다. 오늘날 일본 사람들이 과거사를 직시하지 않는 것은 어쩌면 이런 오랜 미장(美裝) 의식에서 비롯된 것일지도 모른다는 생각이 듭니다.

이를 간접적으로 뒷받침하는 다른 예가 있습니다. 미술사학자 유홍준 교수는 신간 저서 《나의 문화유산답사기(일본 편)》에서 한일 간 역사 인식 차이를 드라마틱하게 요약했습니다. "일본인들은 고대사 콤플렉스 때문에 역사를 왜곡하고, 한국인들은 근대사 콤플렉스 때문에 일본 문화를 무시한다." 이를 필자 나름대로 재해석하면, 우리는 일본이 한국을 강점한 근대사에서 열등감을 느낀다는 것입니다. 우리는 결코 여기서 자유로울 수 없고 이를 숨길 수 없는 것 또한 사실입니다.

반면 일본의 경우는 아주 오래전 그러니까 1000년도 더 전에 한반도에서 넘어온 도래인(渡來人) 문화를 여전히 숨기고 싶어 합니다. 이를테면 일본의 역사 왜곡은 오래전부터 시작된 것이라고 할 수 있습니다. 그래서 바로 아베 일본 총리가 지닌 '역사관의 민낯'이 겹쳐지는 것입니다.

앞서 말했듯 일본 사람 개개인은 정직하다고 하겠지만 일본 사회는 그렇지 못하다는 건 정말 안타까운 사실이 아닐 수 없습니다. 그리고 시선을 우리에게 돌려 개개인이 좀 더 정직해졌으면 좋겠다는 소망을 가져봅니다. 아울러 그나마 한국 사회는 '까발리기 정서' 안에서 '숨김없는 정직함'을 추구하려는 긍정적 역동성을 볼 수 있어 다행이라는 생각이 듭니다.

이야기를 다시 본론으로 돌립니다. 앞서 〈겨울연가〉의 배용준 씨 경우에서 보았듯이 도저히 합의점에 도달할 수 없는 문제점이 있다고 하더라도 한·일간의 문화 교류는 지속돼야 합니다. 또 경제, 사회, 문화의 각 분야에서 한국과 일본은 협력할 분야가 많이 있습니다. 싫든 좋든 이웃이기 때문입니다. 그리고 그것이 우리에게 이익이기 때문입니다.

마지막으로 한국과 중국과의 관계를 말씀드리겠습니다. 중국 정부는 여러 차례에 걸쳐 동북아 역사공정을 단행했습니다. 지금도 하고 있습니다. 여행 중 중국 지식인에게 중국의 역사공정에 대하여 따져 물었습니다. 그는 대답했습니다.

"한국 사람은 중국 사람들의 역사공정을 문제 삼는다. 그런데 더 심각한 문제는 한국 사람이 중국 사람을 상대로 드라마 공정을 하고 있다는 사실이다."

후배 언론인에게
고하는 글

 제가 이 글을 쓰는 이유는 선배 언론인으로 후배 언론인들에게 꼭
들려주고 싶은 이야기가 있어서입니다. 이미 수년 전부터 우리나라
언론 환경에는 많은 변화가 있었습니다. 유무선 인터넷의 보급과 함
께 기존의 주류 신문과 방송은 예전에 비해 그 영향력을 크게 잃었습
니다. 이런 상황에서 종편 채널의 등장으로 방송에는 더 많은 경쟁자
들이 생겨났습니다. 매체와 채널의 다양화는 국민들에게 보다 폭넓은
선택권을 준다는 의미에서 긍정적인 의미가 있습니다.

 오늘날의 신문, 방송, 종편, 인터넷 매체 등등의 언론은 서로 기사를 주고받으면서 동일한 내용을 확대, 축소, 변형하고 있습니다. 이 과정에서 자사의 이익을 대변하거나, 자신의 정치적 견해를 노출하거나, 타 매체보다 영향력을 더 행사하려는 경쟁적인 행위들이 벌어지고 있습니다. 하지만 진정으로 언론인이 지향해야 할 길은 다른 매체 또 이종 채널과의 구독률 또는 시청률 경쟁이 아닙니다. 조금 전에도 말씀드렸지만 우리나라의 언론은 서로 기사를 주고받으면서 한 개의 커다란 언론군(言論群)으로 변형돼 버렸습니다. 이런 상황에서 지금 이 순간 언론인에게 가장 시급한 일은 자신이 매우 중요한 인물이라는 것을 깨닫는 것입니다. 언론인은 대한민국이라는 거대한 함정(艦艇)의 진로를 크게 바꿀 수 있을 정도로 막강합니다.

사람들은 몸이 아프면 병원을 찾아갑니다. 그것은 의사들이 자신의 병을 잘 진단하고 치료해줄 것이라 믿기 때문입니다. 이런 점에 있어서 언론사는 병원과 유사합니다. 병원에는 많은 의사들이 있습니다. 의사들도 인간인지라 각자가 정치적인 성향을 가질 수 있습니다. 하지만 의사는 자신과 정치적인 성향이 다르다는 이유로 환자의 병에 대한 진단과 처방을 다르게 하지는 않습니다.

언론인 개인은 대한민국이라는 환자를 진단하고 처방해야 하는 사회적 병원의 의사입니다. 사회적 병원의 의사는 우리 사회의 상태를 진단하고 처방하는 데 신중하고 또 신중해야 합니다. 언론인은 모든 사회적 문제에 대하여 혹시나 자신이 편견을 가지고 있지는 않은지 끊임없이 반문해야 합니다. 때문에 언론인은 많은 공부를 해야 하며 '다양한 시각'을 보유하고 있어야 합니다. '많은 공부'와 '다양한 시각'은 매체에 대한 '신뢰'로 귀결됩니다. 즉 신문이든 방송이든 종편이든 인터넷매체이든 언론은 '신뢰'가 생명입니다.

흔히 언론인들은 '공정' 또는 '진실'을 외칩니다. 그러나 '다양한 견해'를 말하는 언론인은 많지 않습니다. '공정', '진실', '다양한 견해' 중에서 언론인이 우선적으로 추구해야 할 것은 '다양한 견해'입니다. 변하지 않는 '진실'은 없습니다. 또 양측의 이해당사자 모두에게 물리적인 균형을 제공하는 것이 '공정'은 아닙니다. 언론인이 '진실'과 '공정'을 찾아 헤매는 순간 그들은 '정치적인 함정'에 빠지게 됩니다.

과학의 발전과 가치관의 다양화로 인해 '참'이라고 믿었던 것이 하루아침에 '거짓'으로 밝혀지는 경우가 허다합니다. 반대로 '거짓'이 '참'으로 바뀌기도 합니다. 예를 들면 아스피린이 만병통치인 것처럼 떠들다가 어느 날 갑자기 조심해서 먹어야 할 약으로 둔갑됩니다. 커피가 몸에 해로운 것처럼 보도되다가 갑자기 대장암 예방을 위해서는 하루 한 잔 이상의 커피를 마셔야 하는 것으로 연구결과가 발표됩니다. 휴대폰 전파가 인체에 유해하다는 통설과는 달리 영국의 연구기관은 휴대폰 전파에 노출된 쥐들의 알츠하이머병이 완치됐다는 연구결과를 발표한 일이 있습니다.

언론인이 사회를 진단하고 처방할 때 '진실'이라는 청진기만을 사용해서는 안 됩니다. 청진기 이외에 현대화된 진단기기는 많습니다. 또 의사는 진단기기에만 의존해서는 안 됩니다. '의사'와 '언론인'은 매우 겸손하고 신중한 자세로 환자와 사회를 대해야 합니다. 겸손하고 신중해야만 사물을 여러 각도에서 보게 됩니다. 사물을 여러 각도에서 본다는 것은 많은 연구를 한다는 것을 의미합니다. 연구를 하면 사물에 좌(左)와 우(右)만 있는 것이 아니라 상(上)과 하(下)도 있으며, 360도로 다양한 시각이 존재한다는 것을 알 수 있습니다.

이명박 정부시절 논란이 되고 있었던 4대강(四大江) 사업에도 좌(左)와 우(右), 진보(進步)와 보수(保守), 찬성(贊成)과 반대(反對)만 존재하는 것은 아닙니다. 연구하면 좌파와 우파, 진보 진영과 보수 진영, 반대 세력과 찬성 세력, 야당과 여당도 모르고 있는 4대강에 대한 또 다른 많은 시각들이 존재합니다. 사회적으로 첨예한 이해가 대립되는 사안에 대한 기사와 프로그램을 통해 반대론자들도 몰랐던 반대의 논리, 찬성론자들 자신들도 미처 알지 못했던 찬성의 논리를 발견할 수 있는 기사와 프로그램이 훌륭한 기사이며 프로그램입니다. 즉 찬성론자 반대론자 모두 언론인이 만든 기사와 프로그램을 보고 감명을 받아야 합니다. 이렇게 기사를 쓰고 방송 프로그램을 만들려면 언론인은 많은 공부를 해야 합니다.

'진실'과 '공정'을 입에 달고 사는 언론인일수록 공부를 하지 않는 인물일 가능성이 높습니다. 언론인은 많은 공부를 해야 합니다. 공부가 부족하면 한쪽 시각으로만 접근하게 됩니다. 그러다가 사고가 생기면(항의가 들어오면) 자신이 부족했음을 느끼는 순간, 부족한 언론인인 자신을 지원해주는 정치적인 후원 세력이 생깁니다. 이런 정치적인 세력은 공부가 부족한 언론인을 자신의 편이라고 인정해주고 대접해줍니다. 공부하지 않고, 노력하지 않고, 어느 한쪽으로 일방적으로 몰고 가면 정치적 보상이 따라옵니다. 언론사에 입사할 때부터 정치적 보상을 노리는 언론인도 있습니다. 자신을 지원해주는 정치적인 세력의 힘은 마약처럼 언론인의 판단력을 흐리게 만듭니다.

임진왜란이 일어나기 전에 왕은 두 명의 특파원을 일본에 파견했습니다. 그 특파원의 임무는 일본이 조선을 침공할 의사가 있는지를 취재하는 것이었습니다. 왕은 다양하고 객관적인 견해를 듣기 위해 각각 정치색이 다른 집단에서 한 명씩을 선발해서 일본에 보냈습니다.

두 명의 특파원은 일본 현지에서 취재를 끝내고 왕에게 취재 결과를 보고를 했습니다. 두 명의 특파원은 의견이 갈렸습니다. 한 명은 "일본은 조선을 곧 침략할 것이다"라고 보고했고, 또 다른 한 명은 "일본은 조선을 침략하지 않을 것이다"라고 말했습니다. 왕은 후자의 견해를 따랐습니다. 그러나 일본은 임진년에 조선을 침략했습니다. 왕은 당시 "일본은 조선을 침략하지 않을 것이다"라고 보고한 특파원을 잡아다가 "왜 허위로 기사를 썼느냐"고 물었습니다. 그가 답했습니다. "전하! 일본 현지에서 취재한 결과 저도 일본이 곧 조선을 침략할 것으로 파악했습니다. 그런데 제가 속해 있는 당파에서는 이미 일본으로 현지 취재를 떠나기 전부터 상대 당파와는 다른 의견을 내기로 결정이 돼 있었습니다."

여러분 이것은 제가 꾸며낸 이야기가 아닙니다. 역사적 사실입니다. 그런데 언론인들이 지금 이런 일을 하고 있습니다. 언론인은 사실을 자신의 정치적 성향에 맞추어서는 안 됩니다. 매체를 갖고 있다는 이유로 자신의 견해를 마음대로 표현하는 언론인은 힘이 있다는 이유로 탱크를 끌고 거리로 나오는 군인과 차이가 없습니다. 우리는 탱크를 몰고 시내로 진입하는 군인을 정치 군인이라고 부릅니다. 마찬가지로 마음대로 자신의 견해를 말하는 언론인을 정치 언론인이라 부르는 것은 당연합니다.

언론인은 기사와 프로그램으로 말합니다. 그래서 모든 프로그램은 완벽을 지향해 나가야 합니다. 적당히 만든 프로그램은 사회적인 '갈등'을 키워줍니다. 갈등은 패거리가 갈린다는 것을 의미합니다. 적당히 만든 기사와 프로그램의 언론인이 기댈 언덕은 갈라진 패거리 중 어느 한쪽입니다. 이와 같은 일은 가끔 개인적으로 재미를 보기도 합니다. 또 재미를 보기 위해 일부러 갈등을 조장하고 있는 언론인도 있습니다.

포털은 언론사,
책임도 함께 집시다

영향력을 갖은 모든 주체(主體)는 사회적 책임을 져야 합니다.

우리 사회의 모든 객체는 남에게 영향력을 행사합니다. 그 영향력의 대상이 특정화된 개인일 수도 있고 불특정 다수일 수 있습니다. 여기서 중요한 점은 대상이 개인인가 불특정 다수인가 하는 것이지, 영향력을 행사하는 수단이 아닙니다. 즉 방송, 신문, 인터넷 등등의 매체가 불특정 다수에게 영향력을 행사한다면 그 영향력의 크기에 비례하여 사회적 책임을 져야 합니다.

이러한 사회적 책임은 자율적으로 해결될 수 있지만 법률적으로 강제될 수도 있습니다. 일반적으로 책임은 스스로 지는 것이 바람직합니다. 그러나 힘이 있는 주체가 힘의 사용을 자율적으로 규제하지 못할 때 법의 강제는 반드시 필요합니다. 그 이유는 힘을 사용한 측에 의해 피해를 입는 상대방이 발생하거나 사회적으로 올바르지 못한 여론을 형성될 수 있기 때문입니다.

구체적으로 포털은 여러 언론사들의 수많은 기사들을 단위 소재로 하여 메인 화면을 편집합니다. 이것은 신문의 편집과 동일합니다. 다만 신문 편집과 차이가 있다면 해당 기사를 읽기 위해서는 컴퓨터의 마우스 버튼을 한 번 더 클릭해야 한다는 것입니다. 포털의 편집이 일간신문의 편집보다 더 작위적이고 의도적일 수 있습니다. 동일한 주제의 여러 다른 기사들을 집중적으로 배치하거나 특정 주제를 배제할 수 있기 때문입니다. 때문에 포털은 단위 신문보다 더 사회에 커다란 영향을 발휘할 수 있습니다.

포털의 작위적이고 인위적인 기사 배열(편집)을 막는 가장 확실한 방법은 포털을 언론사로 분류하는 것입니다. 언론사는 타 언론의 기사를 인용할 때 반드시 그 기사의 내용을 검증합니다. 물론 이것을 무시하는 경우가 벌어집니다. 언론중재위원회에 중재를 신청한 건수 중 상당수가 타 언론사 또는 통신사의 기사를 검증 없이 인용한 경우입니다.

이 부분을 예를 들어 설명 드립니다. B라는 신문사가 C라는 통신사의 기사를 지면에 실었습니다. 그런데 기사에 거론된 내용이 사실이 아닐 때 피해를 입었다고 주장하는 D는 B와 C를 상대로 정정보도는 물론이고 민형사상이 책임을 물을 수 있습니다. 마찬가지로 A라는 포털이, C라는 통신사가 작성한 글을 인용한 B라는 신문의 기사제목을 메인 화면에 배치했다면, 그리고 마우스 클릭을 통해 컴퓨터 이용자가 해당 기사를 읽을 수 있었다면, 피해자 D는 A, B, C를 상대로 정정보도 요구와 민형사상의 책임을 물을 수 있어야 합니다.

이렇게 되면 포털의 선택은 세 가지일 것으로 예상됩니다.

첫째는, 현재처럼 각 언론사의 단위 기사 제목들을 화면에 배치하고 이용자들이 마우스 클릭을 통해 기사를 읽게 하는 것입니다. 하지만 이것은 언론 행위이므로 언론사로서 지켜야 할 법률적인 책임을 동일하게 져야 합니다.

둘째는, 화면에 각 언론사 이름을 배열하는 것입니다. 이용자들이 언론사 이름을 클릭하면 해당 언론사 홈페이지에 접속되게 하는 것입니다. 이때에 기사에 대한 책임은 해당 언론사에게만 있습니다.

셋째는, 첫 번째 방법과 두 번째 방법을 혼합하는 것입니다. 이때 포털은 첫 번째에 해당되는 기사 내용에 대해서만 언론사로서의 책임을 지게 됩니다.

독서클럽의 테마 발표 도서목록 (2016년 11월 기준)

《경제학 콘서트》팀 하포트, 웅진씽크빅

《增税か、日本を 破壊する》菊池英博

《땅은 사유재산이다》김정호, 나남

《프랑스 주거복지정책 100년의 교훈》김영태, 삼성경제연구소

《일본에서 배우는 고령화 시대의 국토: 주택정책》차학봉, 삼성경제연구소

《都心回歸の 經濟學》八田達夫

《앨빈 토플러 부의 미래》앨빈 토플러, 청림출판

《90퍼센트가 하류로 전락한다》후지이 겐키, 재인

《세계 경제의 몰락 : 달러의 위기》리처드 던컨, 국일증권경제연구소

《현장에서 본 한국경제 30년》강만수, 삼성경제연구소

《두바이 기적의 리더십》최홍섭, W미디어

《부의 위기》오마이 겐이치, 국일증권경제연구소

《인구의 변화가 부의 지도를 바꾼다》홍춘욱, 원앤원북스

《규제의 역설》김영평 · 최병선 · 신도철, 삼성경제연구소

《우리나라가 세계에서 가장 잘사는 나라가 되는 방법》송병락, 디자인하우스

《人口減少時代の 資産形成》西澤隆

《피터 드러커의 위대한 혁신》피터 드러커, 한국경제신문사

《한국인 코드》강준만, 인물과사상사

《신 국부론》좌승희, 굿인포메이션

《위기의 환경주의 오류의 환경정책》홍욱희, 지성사

《한국의 평등주의, 그 마음의 습관》송호근, 삼성경제연구소

《왜 우리는 비싼 땅에서 비좁게 살까》김정호, 삼성경제연구소

《고령화 저출산 시대의 경제공식》마쓰타니 아키히코, 명진출판사

《달러의 경제학》애디슨 위긴, 비즈니스북스

《세계 경제의 몰락 : 달러의 위기》리처드 던컨, 국일증권경제연구소

《기요사키와 트럼프의 부자》로버트 기요사키, 리더스북

《인구 구조가 투자지도를 바꾼다》김경록, 김&정

《다보스리포트, 힘의 이동》매일경제 세계지식포럼 사무국 외, 매일경제신문사

《IBM 한국 보고서》IBM BCS, 한국경제신문

《독일 경제 어떻게 구할 수 있는가》한스 베르너 진, 까치글방

《위험관리가 미래의 부를 결정한다》김중구, 원앤원북스

《롱테일 경제학》크리스 앤더슨, 랜덤하우스코리아

《세금경제학》최광, 자유기업원

《달콤한 경제학》그레그 입, 부글북스

《円の 足鎖》安達誠司

《2010 노무라보고서 2010 신 부유층 연구》노무라종합연구소 기술조사실 외,

매일경제신문사

《2010 일본》노무라종합연구소 기술조사실, 매경출판

《2010 아시아 대예측》노무라종합연구소 기술조사실, 매일경제신문사

《10년 후에도 흔들리지 않는 부동산 성공 법칙》박원갑, 크레듀하우

《불확실성 시대의 신부동산 투자전략》고다 마사노리, 부광

《전환기의 한일 경제》이종윤, 이채

《2020 중국 리스크》이근, 동아시아연구원

《중국 초우량주에 돈을 묻어라》쾀 리서치경제연구소, 에버리치홀딩스

《금융회사가 당신에게 알려주지 않는 진실》송승용, 웅진윙스

《금 투자의 정석》이동엽, 푸른나무

《주식투자가 부의 지도를 바꾼다》홍춘욱, 원앤원북스

《주식시장을 움직이는 탐욕과 공포의 게임》이용재, 지식노마드

《통계센스》가도쿠라 다카시, 다산북스

《세계 버블경제의 붕괴가 시작됐다》마쓰후지 타미스케, 원앤원북스

《재테크의 99퍼센트는 타이밍이다》김영호, 토네이도

《워킹 푸어》가도쿠라 다카시, 상상예찬

《세계 경제 대예측 2010 버블 붐》해린 S 덴트, 청림출판

《가슴 뛰는 기업을 찾아서 이채원의 가치투자》이채원 이상건, 이콘

《한국의 중소형 가치주 10선》조용준 · 정광태

《얼굴 없는 공포 광우병》콤 켈러허, 고려원북스

《살인 단백질 이야기》DT 맥스, 김영사

《인도 리포트》가도쿠라 다카시, 넥서스BOOKS

《투자 음모를 읽어라》정철진, 해냄출판사

《세계금융붕괴 시나리오》소에지마 다카히고, 21세기북스

《한국에서 부자되기 가치투자가 최고다》조용준, 정광태, 한스미디어

《글로벌 머니 매니저들의 아침회의》스티븐 드로브니, 돈키호테

《세계 버블경제의 붕괴가 시작됐다》마쓰후지 타미스케, 원앤원북스

《비열한 시장과 도마뱀의 뇌》테리 번햄, 갤리온

《중국의 기업을 해부한다》김광수 경제연구소, 휴먼앤북스

《지구를 살리는 7가지 불가사의한 물건들》존 라이언, 그물코

《에너지 전쟁》장 뤽 벵제르, 청년사

《독소》윌리엄 레이몽, 랜덤하우스코리아

《중국과 인도, 그 같음과 다름》박번순, 삼성경제연구소

《돈육선물 재테크》한국상품선물 연구회, 중앙북스

《이슬람 금융이 뜬다》요시다 에츠이키, 예지

《경제학 콘서트 2》팀 하포트, 웅진지식하우스

《당신이 몰랐으면 하는 석유의 진실》레오나르도 마우게리, 가람기획

《조지 소로스, 금융시장의 새로운 패러다임》조지 소로스, 위즈덤하우스

《화폐전쟁》쑹훙빈, 랜덤하우스코리아

《카스피해 에너지 전쟁》이장규, 이석호, 올림

《치미아 이코노믹스》현대경제연구원, 현대경제연구원BOOKS

《러시아 에너지가 대한민국을 바꾼다》윤성학, 뿌쉬낀하우스

《미국경제의 종말이 시작됐다》마쓰후지 타미스케, 원앤원북스

《정글노믹스》장경덕, 21세기북스

《2015 건설부동산》노무라 종합연구소, 매일경제신문사

《세계 경제 대공황》진 스마일리, 지상사

《거짓말 경제학》최용식, 오푸스

《탐욕과 공포의 게임》이용재, 지식노마드

《쌩초보 외환투자 따라잡기》한국외환협회, 매일경제신문사

《한국경제, 패러다임을 바꿔라》신장섭, 청림출판

《한국금융의 새로운 패러다임》함정오 외 5인, 경제경영연구원

《소유의 역습, 그리드락》 마이클 헬러, 웅진지식하우스

《이코노믹 씽킹》 로버트 H 프랭크, 웅진지식하우스

《한국의 헤지펀드 스토리》 신현규, 한스미디어

《대공황 2.0》 아사쿠라 케이, 매일경제신문사

《슈퍼크런처》 이언 에어즈, 북하우스

《괴짜 경제학》 스티븐 레빗, 스티븐 더브너, 웅진지식하우스

《대한민국 화장품의 비밀》 구희연, 이은주, 거름

《아라비아 경제 금융 지도》 노다니엘, 한스미디어

《탄소가 돈이다》 기타무라 케이, 도요새

《경제학의 검은 베일》 토머스 소웰, 살림Biz

《불황의 경제학》 폴 크루그먼, 세종서적

《두바이 패러독스》 강훈상, 미래를소유한사람들

《녹색성장주 금맥을 캐라》 매일경제 증권부, 신영증권 리서치센터,

매일경제신문사

《웹심리학》 가와시마 고헤이, 라이온북스

《대공황 이후의 세계》 하마다 가즈유키, 미들하우스

《대공황 전후 세계경제》 찰스 페인스틴 외 2인, 동서문화사

《달러의 경제학》 애디슨 위긴, 비즈니스북스

《현명한 부자는 선박에 투자한다》 김상록, 올림

《골드》 네이선 루이스, 에버리치홀딩스

《위기와 금》 마스다 에츠스케, 다산북스

《금의 전쟁》 루안총샤오, 평단

《금 투자의 정석》 이동엽, 푸른나무

《게임 오버》 스티븐 리브, 세계사

《부의 8법칙》 페터 노일링, 서돌

《언론이 말하지 않는 경제위기의 진실》 디어크 뮬러, 청아출판사

《달러를 버려라》 제임스 터크, 존 루비노, 지식노마드

《달러 제국의 몰락》 배리 아이켄그린, 북하이브

《상속의 비밀 52》 김강년, 한스미디어

《버블 경제학》 로버트 J 쉴러, 랜덤하우스코리아

《2015 일본 대예측》 노무라종합연구소 2015년 프로젝트 팀, 매일경제신문사

《금, 원자재 투자 그리고 인플레이션》 이동엽, 푸른나무

《지구온난화에 속지 마라》 프레드 싱거, 데니스 에이버리, 동아시아

《첨단농업 부국의 길》 매일경제 아그리젠토 프로젝트팀, 매일경제신문사

《넥스트 이코노미 트렌드》 아비바 위텐베르크 외 1인, 더난출판사

《다 쓰고 죽어라》 마크 레빈, 스테판 M. 폴란, 해냄

《2018, 인구변화가 대한민국을 바꾼다》 허원무 외 3인, 한스미디어

《기축통화 전쟁의 서막》 장팅빈, 위즈덤하우스

《자본전쟁》 량셴핑, 비아북

《환율전쟁》 왕양, 평단

《화폐전쟁 3.0》 윤채현, 다산북스

《원화의 미래》 홍춘욱, 에이지21

《2010 대예측》 매경 이코노미, 매일경제신문사

《미국이 파산하는 날》 담비사 모요, 중앙북스

《어댑트》 팀 하포트, 웅진지식하우스

《폴트라인》 라구람 G 라잔, 에코리브로

《한국형 헤지펀드 투자전략》 조충현, 새로운제안

《슈퍼 괴짜 경제학》 스티븐 레빗, 스티븐 더브너, 웅진지식하우스

《현명한 채권투자자》 앤서니 크레센치, 리딩리더

《경제학자들의 목소리》 조지프 스티글리츠 외 2인, 비즈니스맵

《지금 당장 환율공부 시작하라》 윤채현, 박준민, 한빛비즈

《버핏처럼 기다리고 소로스처럼 움직여라》 신용진, 머니플러스

《워렌 버핏의 재무제표 활용법》 데이비드 클라크, 메리 버핏, 부크온

《비욘드 더 캐피털리즘》 매일경제신문 경제부, 매일경제신문사

《달러가 사라진 세계》소에지마 다카히코, 예문

《경영학 콘서트》장영재, 비즈니스북스

《우리가 반드시 알아야 할 중국의 긴급 과제 50가지》중국 정보연구기구,
에버리치홀딩스

《본능의 경제학》비키 쿤켈, 사이

《핀란드가 말하는 핀란드 경쟁력 100》일까 따이팔레, 비아북

《미래는 핀란드에 있다》리차드 루이스, 살림

《화폐전쟁 2》쑹훙빈, 랜덤하우스코리아

《화폐전쟁 3》쑹훙빈, 랜덤하우스코리아

《화폐전쟁 4》쑹훙빈, 랜덤하우스코리아

《월스트리트》월스트리트 제작진, 미르북스

《무역전쟁》CCTV다큐멘터리 경제 30분팀, 랜덤하우스코리아

《커런시 워》제임스 리카즈, 더난출판사

《예일대 교수 아빠에게 배우는 경제이야기》천즈우, 시그마북스

《2020 대한민국, 다음 십 년을 상상하라》기 소르망 외 29인, 랜덤하우스코리아

《금융대국 중국의 탄생》전병서, 참돌

《세계사를 움직이는 다섯 가지 힘》사이토 다카시, 뜨인돌

《2010 다보스 리포트 New Norma》박봉권, 신헌철, 매일경제신문사

《2015 중국 대예측》 노무라종합연구소, 매일경제신문사

《정의란 무엇인가》 마이클 샌델, 김영사

《투자, 음모를 읽어라》 정철진, 에쎄

《세계 곡물 시장 대전망》 일본 농림중금종합연구소, 매일경제신문사

《식량쇼크》 김화년, 씨앤아이북스

《존 나이스비트 메가트렌드 차이나》 존 나이스비트 외 1인, 비즈니스북스

《자본의 전략》 천즈우, 에쎄

《창업국가》 댄 세노르, 사울 싱어, 다할미디어

《왜, 소득이 미래를 결정하는가》 김영찬, 황금고래

《다시는 중국인으로 태어나지 않겠다》 종주캉, 포엔북

《디테일의 힘》 왕중추, 올림

《대한민국 경제학 토크쇼》 이팔성, 국일증권경제연구소

《은퇴대국의 빈곤보고서》 전영수, 맛있는책

《부자들의 음모》 로버트 기요사키, 흐름출판

《이번엔 다르다》 케네스 로고프, 카르멘 라인하트, 다른세상

《2020 부의 전쟁 in Asia》 최윤식, 배동철, 지식노마드

《부채의 습격》 더글라스 김, 길벗

《주식과 부동산, 파티는 끝났다》 송기균, 21세기북스

《중미전쟁》 랑셴핑, 비아북

《월스트리트의 반격》 류쥔뤄, 에쎄

《2014년 일본 파산》 아사이 다카시, 매일경제신문사

《애프터 쇼크》 데이비드 위더미, 로버트 위더미, 신디 스피처, 쌤앤파커스

《경제학 애프터 스쿨》 매일경제신문 경제부, 매일경제신문사

《크리에이티노베이션》 매일경제 세계지식포럼 사무국, 매일경제신문사

《중국 도대체 왜 이러나》 김기수, 살림

《노무라종합연구소 2013 한국 경제 대예측》 노무라종합연구소, 청림출판

《2013-2014 세계경제의 미래》 해리 덴트, 로드니 존슨, 청림출판

《베이징 특파원 중국경제를 말하다》 홍순도, 서교출판사

《시진핑 시대의 중국》 사토 마사루, 청림출판

《모든 것의 가격》 에두아르도 포터, 김영사

《글로벌 경제위기와 러시아의 미래》 김광수 경제연구소, 김광수 경제연구소

《다시 경제를 생각한다》 김정호, 21세기북스

《대한민국이 묻고 노벨 경제학자가 답하다》 한순구, 교보문고

《화폐전쟁 4》 쑹훙빈, 알에이치코리아

《블랙 차이나》 류쥔뤄, 한빛비즈

《그림과 사진으로 보는 해적의 역사》 브렌다 랄프 루이스, 북앤월드

《환율의 경제학》홍완표, 신론사

《넥스트 이코노믹 트렌드》아비바 위텐베르크-콕스 외 1인, 더난출판사

《위기는 왜 반복되는가》로버트 라이시, 김영사

《그레이트 슈퍼싸이클》데이비드 스카리카, 위츠

《브레이크아웃 네이션》루치르 샤르마, 토네이도

《10년 후, 부의 지도》류비룽, 린즈하오, 라이온북스

《근대를 말하다》이덕일, 역사의아침

《차이나 소프트 파워》김동하, 무한

《서킷 브레이커》류샤, 두리미디어

《2020 경제대국 한국의 탄생》조철선, 한스미디어

《국가부도》빌터 비트만, 비전비엔피

《인플레이션의 습격》자오샤오, 천광레이, 위즈덤하우스

《10년 후 부의 미래》트렌즈지 특별취재팀, 일상이상

《거짓말하는 착한 사람들》댄 애리얼리, 청림출판

《돈으로 살 수 없는 것들》마이클 샌델, 와이즈베리

《앞으로 10년, 돈의 배반이 시작된다》로버트 기요사키, 흐름출판

《한국의 슈퍼리치》신동일, 리더스북

《세계 슈퍼 리치》최진주 외 2인, 어바웃어북

《슈퍼리치 패밀리》 요코야마 산시로, 한국경제신문

《골드만삭스, 중국을 점령하다》 칭즈원, 재승출판

《화폐트라우마》 다니엘 D 엑케르트, 길벗

《대통령을 위한 물리학》 리처드 뮬러, 에쎄

《하버드 정치경제학》 천진, 에쎄

《하버드 경제학》 천진, 에쎄

《경제학자의 인문학서재》 김훈민 박정호, 한빛비즈

《자본주의는 어떻게 우리를 구할 것인가》 스티브 포브스, 아라크네

《왜 정부는 하는 일마다 실패하는가》 존 스토셀, 글로세움

《누가 중국경제를 죽이는가》 랑셴핑, 다산북스

《넥스트 컨버전스》 마이클 스펜스, 리더스북

《스한빙 경제대이동》 스한빙, 청림출판

《2015 중국대예측》 노무라종합연구소 , 코노모토 신고, 매일경제신문사

《부자 중국 가난한 중국인》 랑셴핑, 미래의창

《중국을 고민하다》 정재호 외 4인, 삼성경제연구소

《5년 후 중국》 전병서, 참돌출판사

《중국인 사용 설명서》 두위, 문화발전

《골드만 삭스 중국을 점령하다》 칭즈원, 재승출판

《돈의 흐름이 바뀌고 있다》 찰스 고예트, 청림출판

《남아공 로드》 김민철, 서해문집

《중국화 하는 일본》 요나하 준, 페이퍼로드

《전환기의 한일 경제》 이종윤, 이채

《부의 정석》 최윤식, 정우석, 지식노마드

《잊혀진 근대 다시 읽는 해방전사》 이덕일, 역사의아침

《권력자들》 스티브 포브스, 존 프레바스, 에코의서재

《조선을 떠나며》 이연식, 역사비평사

《북 중 접경지역》 이옥희, 푸른길

《엔드게임》 존 몰딘, 조너서 테퍼, 위키미디어

《사람이 묻는다 역사가 답한다》 김동욱, 알키

《세상의 모든 전략은 전쟁에서 탄생했다》 임용한, 교보문고

《도시의 승리》 에드워드 글레이저, 해냄출판사

《건축과 도시의 인문학》 김석철, 돌베개

《중국은 어떻게 모략이 나라가 되었나》 유광종, 웅진지식하우스

《제3차 세계리셋》 리처드 플로리다, 비즈니스맵

《10년 후 미래》 대니얼 앨트먼, 청림출판

《협동조합으로 기업하라》 스테파노 자마니, 베라 자마니, 북돋움

《 김명호 중국인 이야기 1》김명호, 한길사

《 김명호 중국인 이야기 2》김명호, 한길사

《 리홍장 평전》량치차오, 프리스마

《페르시아 이야기》박재현, 지성과 감성

《유대인 이야기》홍익희, 행성B잎새

《올리가르히》김병호, 북퀘스트

《백은비사》융이, 알에이치코리아

《중국의 새로운 리더 시진핑 리커창》샹장위, 린

《부의 추월차선》엠제이 드마코, 토트

《도해 셰일가스 혁명》이즈미야 와타루, 이투데이

《다가올 10년 세계경제의 내일》클린트 로렌, 원앤원북스

《노무라종합연구소 2014 한국경제 대예측》노무라종합연구소, 청림출판

《조용한 대공황》시바야마 게이타, 동아시아

《새로운 금융시대》로버트 쉴러, 알에이치코리아

《긴축은 죽음의 처방전인가》데이비드 스터클러, 산제이 바수, 까치

《상하이 비즈니스 산책》김명신, 한빛비즈

《물의 세계사》스티브 솔로몬, 민음사

《탐욕경제》쑹훙빈, 알에이치코리아

《3년 후 대한민국》 매일경제 산업부, 매경출판

《김우중과의 대화》 신장섭, 북스코프

《2030 기회의 대이동》 최윤식, 김영사

《위대한 탈출》 앵거스 디턴, 한국경제신문사

《반란의 도시》 데이비스 하비, 에이도스

《중국의 거짓말》 장화차오, 한국경제신문사

《대통령을 위한 에너지 강의》 리처드 뮬러, 살림

《중국 다음 30년》 로버트 포겔 외 4인, 비즈니스맵

《세계가 일본된다》 홍성국, 메디치미디어

《구글은 어떻게 일하는가》 에릭 슈미트, 김영사

《정화의 보물선》 이은상, 한국학술정보

《한계비용 제로 사회》 제러미 리프킨, 민음사

《대한민국 신 국부론》 이찬우, 스마트북스

《2018 인구절벽이 온다》 해리 덴트, 청림출판

《G2 전쟁》 레이쓰 하이, 부키

《머니》 스티브 포브스, 비즈파크

《이스라엘 비즈니스 산책》 박대진, 한빛비즈

《노무라종합연구소 2015 한국 경제 대예측》 노무라종합연구소, 청림출판

《인구 충격의 미래 한국》 전영수, 프롬북스

《갤럽보고서가 예고하는 일자리 전쟁》 짐 클리프턴, 북스넛

《요우커 천만시대 당신은 무엇을 보았는가》 전종규, 김보람, 미래의창

《새로운 부의 시대》 로버트 J, 실러 외 9인, 알키

《유엔미래보고서 2045》 박영숙 제롬 글렌, 교보문고

《후강통 시대 지금 당장 중국본토 A주에 투자하라》 한동식 외 3인, 한스미디어

《불평등의 대가》 조셉 스티글리츠, 열린책들

《거꾸로 즐기는 1퍼센트 금리》 김광기 외 3명, 메디치미디어

《베이징 특파원 중국 CEO를 말하다》 홍순도, 서교출판사

《헬스케어 이노베이션》 최윤섭, 클라우드나인

《도시유감: 도시에 관한 인문학적 의심》 전상현, 시대의창

《부자는 모두 사모펀드로 돈을 번다》 김태희, 라온북

《애플과 구글이 자동차 산업을 지배하는 날》 모모타 겐지, 한스미디어

《인더스트리 4.0》 한석희 외 2명, 페이퍼로드

《구글은 빅데이터를 어떻게 활용했는가》 벤 웨이버, 북카라반

《세상을 바꾼 비즈니스 모델 70》 미타니 고지, 더난출판사

《왜 지금 지리학인가》 하름 데 블레이, 사회평론

《빅데이터 인간을 해석하다》 크리스티안 러더, 다른

《위대한 해체》스티브 사마티노, 인사이트앤뷰

《빅데이터 전쟁》박형준, 세종서적

《창조적인 사람들은 어떻게 행동하는가》알렉스 펜틀런드, 와이즈베리

《크라우드펀딩》신혜성 외 14명, 에딧더월드

《미래 중국 인사이트》송승엽, KMAC

《한 발 앞서 정복하는 핀테크 이야기》목승환, 한스미디어

《프로비스》김지현, 미래의창

《폭풍전야 2016》김승현, 이와우

《중국주식 시진핑의 정책에 투자하라》김선영, 이레미디어

《2016 미리보는 세계》KOTRA, 행성B웨이브

《트렌드 코리아 2016》김난도 외 5인, 미래의창

《당신만 몰랐던 스마트한 세상들》심재석, 이와우

《인도네시아 주식투자로 인생에 한 번은 돈 걱정 없이 살아라》김재욱,
스마트비즈니스

《왜 세계는 인도네시아에 주목하는가》방정환, 유아이북스

《공유경제는 어떻게 비즈니스가 되는가》앨릭스 스테파니, 한스미디어

《일본 디플레이션의 진실》모타니 고스케, 동아시아

《오일의 공포》손지우, 이종헌, 프리이코노미북스

《아시아의 힘》조 스터드웰, 프롬북스

《제2의 기계시대》에릭 브린욜프슨 , 앤드루 맥아피, 청림출판

《인터넷 전문은행》신무경, 미래의창

《스타트업 코리아》오컴 외 8인, 미래의창

《넥스트 구글은 어디인가?》곽동훈 외 4인, 한국경제신문i

《뇌를 바꾼 공학 공학을 바꾼 뇌》임창환, MID

《재레드 다이아몬드의 나와 세계》재레드 다이아몬드, 김영사

《우리는 일본을 닮아가는가》이지평, 이근태, 류상윤, 이와우

《2022년, 시진핑의 신장정》오일만, 나남

《도시로 보는 미국사》박진빈, 책세상

《하버드 미래경제학》천진, 에쎄

《로버트 라이시의 자본주의를 구하라》로버트 라이시, 김영사

《서울 젠트리피케이션을 말하다》성공회대 동아시아연구소, 푸른숲

《지리의 힘》팀 마샬, 사이

《화폐의 종말》케네스 로고프, 다른세상

《제1세계 중산층의 몰락》폴 크레이그 로버츠, 초록비책공방

《문근식의 잠수함 세계》문근식, 플래닛미디어

《THAAD와 한반도》홍관희, 자유민주

《거래의 기술》 도널드 트럼프, 살림

《트럼프는 어떻게 트럼프가 되었는가》 홍장원, 한스미디어

집단 지성의 힘

독서클럽(종로포럼, 건부연) 회원들

강경윤 강보순 강상옥 강성민 강윤선 강신은 강재욱 강찬구 강 준 강봉구 강창식

강경미 강길진 강명성 강승욱 강승훈 강정철 강근영 계창민 고정현 고종옥 고석영

고 홍 공영수 구영모 구경완 구영숙 구재선 구민영 구효서 구해동 금종환 곽대희

곽민우 권순우 권준오 권재웅 권충혁 김경은 김경희 김 관 김광수 김기수 김기형

김길홍 김동억 김동현 김무용 김문용 김미경 김병석 김상식 김상진 김서현 김성진

김성훈 김성태 김수진 김승현 김신정 김연아 김용배 김은진 김장겸 김장호 김재용

김재호 김정선 김정섭 김종규 김종률 김종원 김종찬 김주섭 김 진 김태건 김태정

김항구 김형규 김형배 김형숙 김호경 김회필 김희창 김경중 김남현 김동수 김동재

김석진 김상원 김흥삼 김성식 김연화 김영서 김은만 김은철 김종완 김진희 김천석

김철수 김태원 김현영 김화용 김명선 김성곤 김양수 김호곤 권희재 김금희 김대중

김문석 김문성 김보근 김영식 김영일 김완수 김용현 김우규 김은환 김일환 김정진

김제동 김종경 김종기 김종덕 김지태 김창곤 김천중 김태완 김형민 김형욱 김호성

김훈탁 김희곤 김희창 김종율 김준석 김태장 김승배 김성건 김주형 남기동 남기룡

남석우 남애리 남연우 나선주 노재용 노종태 노치영 도진태 도은종 도정훈 류재훈

류창승 마철현 명재광 문병식 문제헌 문현아 민경석 민선영 마승렬 명재환 문성준

문준영 문지혜 문형준 박검섭 박광주 박기창 박대규 박대희 박미례 박병훈 박상범

박상영 박상용 박상준 박서윤 박선홍 박성진 박윤호 박용우 박영구 박영규 박재일

박점롱 박정주 박종진 박준석 박준홍 박지현 박철규 박경태 박관우 박 정 박준형

박재경 박준일 박준희 박종열 박지선 박지영 박 철 박철홍 박철수 박창식 박하연

박한철 박현서 박해철 박환수 박해준 박희재 방영식 배현근 배성훈 백수동 백종식

배혜진 배지완 배태성 배한수 백승대 백승미 백승진 백현순 서기섭 서남석 손웅경

서미자 서영천 서자영 서주현 서희웅 성나영 성상권 성은제 송관식 신성욱 신영민

신현기 서광채 서영천 서지완 손은재 송수익 송시훈 송일소 송영운 송재석 송태석

송현주 신수현 신준화 심상백 손웅경 신영애 심상준 심유택 심영우 서영천 서희웅

성영수 송서윤 안경재 안민우 안병철 안종일 안승우 안희돈 왕재억 양규영 양대곤

양승재 양윤형 여계은 오동수 오은하 오종석 오원석 오인영 오종서 오병모 오승환

오은해 오종윤 오창욱 유경석 유지현 육심천 윤광호 윤병한 윤여정 윤정은 윤천호

윤항식 윤희선 유계호 유현숙 윤영근 윤종은 이경아 이경자 이광재 이기준 이덕희

이동원 이동재 이병탁 이상길 이상현 이서복 이석원 이선만 이성주 이승권 이승준

이신영 이언숙 이영숙 이옥주 이용희 이웅걸 이원일 이윤경 이은미 이은성 이인규

이인선 이정우 이정현 이정훈 이준동 이준호 이창훈 이춘섭 이태정 이헌철 이현규

이현숙 이경환 이종아 이호영 이대훈 이병식 이병우 이상재 이수진 이영미 이용섭

이승도 이원희 이은경 이해성 이종윤 이중석 이지연 이지훈 이창우 이상훈 이충원

이종민 이의형 이강희 이유열 이경환 이계형 이관석 이규한 이미숙 이병우 이상규

이상옥 이상윤 이설희 이양구 이영주 이용민 이웅호 이종수 이지원 이진숙 이충한

이태훈 이해준 이현철 이현준 이혜림 이호준 이보석 이승호 이재혁 이종우 이기출

이청열 이희기 임진석 임명희 임상엽 임순택 임영종 임윤수 임채우 임기태 임대연

임성봉 임종환 여인상 임영신 임미화 원영수 장성욱 장승운 장해룡 장영길 장홍근

장성대 장승복 장필성 장영수 전준용 전광식 전민영 정경오 정경진 정대택 정상규

정양현 정윤미 정인환 정장진 정재연 정재홍 정진희 정찬일 정해천 정구상 정상천

정선동 정세운 정성철 정용암 정우섭 정운탁 정원훈 정재호 정규홍 정유신 정진원

정현정 정현주 정복동 정수영 정은호 정재욱 정철흠 정분도 조대진 조성연 조영진

조용남 조원식 조재수 조혜정 조남성 조미애 조근래 조정인 조청훈 조현진 조장수

조은석 주성현 주창민 지광석 지경환 지윤택 진정은 차동섭 차민호 차은수 차용석

차원현 차주만 채경자 채영규 채도병 채미영 천연재 채충석 천 영 천용진 최덕배

최미숙 최수석 최원석 최윤주 최병도 최병모 최병욱 최성민 최승호 최영규 최재규

최원해 최창권 최성경 최경옥 최광보 최수영 최수현 최승준 최용영 최용일 최원준

최 철 최현일 최형아 최형석 최영철 최홍영 추수권 피터홍 하곤철 하정훈 하상진

한상일 한영호 한승호 한연숙 한영식 한창훈 한충희 함현철 함형식 허인숙 허인석

허재철 허준회 현해진 형선미 홍한철 홍의극 홍중구 홍인섭 홍성훈 홍정훈 홍진표

황성현 황유연 황옥현 황진영 황윤찬 황창석

경기대학교 경영전문대학원 최고위과정 BOOK클럽 회원들

주임교수 정광태

지도교수 김홍겸

강능규 강민규 강복자 강봉섭 고광백 고정희 고충욱 공명식 곽기연 구영숙 권영녀

권병균 김광렬 김종국 김기종 김기찬 김기혜 김덕현 김보선 김순종 김영미 김영호

김영희 김영임 김영천 김옥순 김은미 김은주 김은화 김정숙 김재욱 김재완 김외자

김지연 김필영 나윤상 남덕수 남지훈 류보형 류영기 문병희 박경림 박귀영 박노희

박도용 박미현 박병일 박선미 박선제 박성룡 박승안 박승일 박윤선 박윤신 박영옥

박정욱 박지만 박지현 박경용 박현정 박창수 박홍술 박성룡 박춘실 배행숙 백가인

백은경 변동명 서영석 서정옥 서학수 손보경 손주희 송희경 송진우 송 희 신금순

신덕희 신민섭 신상훈 신선애 신재수 신종도 신형중 신화섭 심문보 심재영 안병훈

안상순 안재만 안재성 안 춘 양진홍 양미자 양승용 왕조현 왕종득 위성암 위송자

유강수 유명옥 유영기 유창렬 윤세구 윤수진 이구영 이규미 이기용 이동범 이명은

이미숙 이봉희 이상돈 이상진 이성욱 이세춘 이소영 이수희 이승구 이양규 이영애

이영일 이은정 이은주 이은희 이용심 이종일 이준규 이준태 이재분 이정규 이정섭

이정일 이정철 이진성 이진영 이찬영 이현서 이황표 임국선 임성인 임재선 장난수

장시남 장윤희 장란수 장장이 장철우 전성배 전차병 정경자 정구옥 정남옥 정경철

정금도 정미숙 정민우 정범진 정상덕 정연심 정영모 정옥남 정인환 정상덕 전승연

전춘수 전재희 정종기 정종인 정진규 조상현 조성일 조정현 지영순 지옥순 천세관

최광주 최문회 최병화 최수영 최인희 최영조 최용석 하명희 한상덕 한종문 황용민